Stundenblätter

Der Islam: Christen begegnen Muslimen

Siegfried Schulz

Stundenblätter
Der Islam:
Christen begegnen Muslimen

Sekundarstufe I

Beilagen:
33 Seiten Stundenblätter
+ 7 Arbeitsblätter zum Kopieren

Ernst Klett Verlag für Wissen und Bildung
Stuttgart · Dresden

Stundenblätter Religion werden herausgegeben von Dr. Uwe Stamer

Als Ergänzung zu den vorliegenden Stundenblättern sind erschienen:
Materialien Der Islam: Christen begegnen Muslimen
(Hrsg. Siegfried Schulz)
Klettbuch 26881

Gedruckt auf Recyclingpapier,
hergestellt aus 100 % Altpapier.

Die Deutsche Bibliothek – CIP-Einheitsaufnahme
Schulz, Siegfried:
Stundenblätter der Islam : Christen begegnen Muslimen ;
Sekundarstufe I / Siegfried Schulz. –
1. Aufl. – Stuttgart ; Dresden :
Klett, Verlag für Wissen und Bildung, 1993
(Stundenblätter Religion)
ISBN 3-12-926716-6

1. Auflage 1993

Satz: multimedia Electronic Publishing GmbH, Konstanz
Druck: Wilhelm Röck, Weinsberg
Einbandgestaltung: Zembsch' Werkstatt, München
ISBN 3-12-926716-6

Inhalt

Einleitung . . . 7
Methodisch-didaktische Vorbemerkung . . . 10
Kommentierte Bibliographie . . . 11

Übersicht über die Unterrichtseinheit . . . 13

Stundenbeschreibungen . . . 22

1.	Stunde:	Sich dem Islam öffnen?	22
2.	Stunde:	Dem Fremden begegnen	24
3.	Stunde:	Urteil oder Vorurteil?	27
4.	Stunde:	Wir leben mit Vorurteilen und Feindbildern	31
5.	Stunde:	Mohammed und der Islam	33
6./7.	Stunde:	Der Koran und andere Überlieferungen	35
8.	Stunde:	Gott oder Allah?	38
9.	Stunde:	Jesus im Islam	40
10.	Stunde:	Islamische Feste	42
11.	Stunde:	Die Wallfahrt nach Mekka	43
12.	Stunde:	Islamische Frömmigkeit	48
13.	Stunde:	Heiliger Krieg I: Der Dschihad	51
14.	Stunde:	Heiliger Krieg II: Islamische und christliche Eroberungen	53
15.	Stunde:	Angst vor dem Islam?	59
16.	Stunde:	Die Stellung der Frau im Islam	63
17.	Stunde:	Warum wir Christen sind	69
18.	Stunde:	Muslime unter uns	71
19.	Stunde:	Missionsauftrag oder Toleranz?	73
20.	Stunde:	Besinnung – Befragung – Begegnung	75

Vorschlag für eine Klassenarbeit . . . 81

Literaturverzeichnis . . . 82

Glossar . . . 85

Inhalt des Materialienheftes . . . 87

Einleitung

An meinen Sohn Johannes

Verachte keine Religion, denn sie ist dem Geist gemeint, und Du weißt nicht, was unter unansehnlichen Bildern verborgen sein könnte.
Es ist leicht zu verachten, Sohn; und verstehen ist viel besser.
Lehre nicht andre, bis Du selbst gelehrt bist.

Matthias Claudius, 1799

Die Beschäftigung mit dem Islam ist hochinteressant und wichtig zugleich. Die Unkenntnis in bezug auf diese Religion ist in unseren Breiten riesengroß und wird vielleicht nur noch von der Zahl der Vorurteile übertroffen. Wer den Islam im Unterricht reduziert auf die Fakten des Lebens Mohammeds, den Moscheebau, die Fünf Säulen und ähnliches mehr oder ihn diffamiert als Handabhack- und Steinigungsreligion, der begeht schweres Unrecht. Überzeugten Christen, die gleichzeitig gute Kenner des Islam sind, fällt es häufig nicht schwer, in Mohammed einen Propheten Gottes zu sehen, im Koran – kritisch gelesen – Wahrheiten Gottes zu erkennen und von der Frömmigkeit vieler Muslime beschämt zu sein. Wieviel Leid bliebe uns erspart, wenn es gelänge, den Alkohol zu bannen? Wieviel Besinnung, Ruhe, Gelassenheit und Relativierung von Leistung und Konsum könnten auch Christen aus regelmäßiger täglicher Gebetspraxis ziehen? Daß dies beides auch im Islam nicht immer gelingt, ist kein Gegenargument. Christen haben Grund, mit ihren Urteilen und Verurteilungen zurückhaltend zu sein.

Einige Gesichtspunkte sollen an dieser Stelle grundsätzlich formuliert werden, um Mißverständnissen vorzubeugen:
1. Zur Urteilsbildung: Es ist bei uns üblich, alles, was im vorderen Orient geschehen ist oder geschieht, unter dem Vorzeichen des Islam zu begreifen und umgekehrt den Islam mit der arabischen Kultur zu identifizieren. Das ist in mehrfacher Hinsicht falsch. Zum einen: Wie würden wir reagieren, wenn alles, was in der westlichen Welt geschehen ist oder geschieht, unter christlichem Vorzeichen gesehen würde? Wenn z.B. die beiden Weltkriege, Auschwitz oder Hiroshima ausschließlich als Ausprägungen christlichen Denkens verstanden werden würden? Zum anderen: Der Islam hat viele Gesichter. *Den* Islam gibt es so wenig wie *den* Christen, *den* Mann oder *die* Frau. Der Islam hat von Dakar bis Djakarta viele und widersprüchliche Gestalten angenommen, z.B. wird der Schleier von den allerwenigsten Muslimas getragen. Zum dritten: In der Beurteilung des Islam lassen wir nicht selten die historische Perspektive außer acht. Christen wollen heute doch auch nicht mehr mit Zwangsmission, Inquisition, Kreuzzügen u.ä. in Verbindung gebracht und danach beurteilt werden. Im Blick auf den Islam aber ist solch ungeschichtliches Denken gang und gäbe.

2. Zur Unterscheidung: Man möge sich immer neu vor Augen halten, daß der Islam (noch) nicht durch eine Phase der Aufklärung gegangen ist. Das hat vor allem für das Koranverständnis Bedeutung. Für die meisten Muslime gilt der Grundsatz, daß der Koran nicht historisch-kritisch zu exegesieren ist. Der Koran wird interpretiert

und angewandt, aber nicht auf seine Entstehung hin untersucht. Der Koran ist für den frommen Muslim ohne jeden Abstrich geoffenbarte Wahrheit Gottes. Im Dialog mit Muslimen sollte diese Glaubensüberzeugung respektiert werden.
Im politisch-gesellschaftlichen Bereich darf nicht übersehen werden, daß im Gegensatz zum Christentum der Islam die Einheit von Staat und Religion anstrebt. Dies vor allem verdunkelt unser Bild vom Islam, indem es zu berechtigen scheint, z.B. jede politisch motivierte Ausrufung des Heiligen Krieges dem Islam anzulasten. Zuletzt geschah dies (wie fast immer unberechtigt) durch Saddam Hussein während des Golfkriegs 1991. Christliche Religionslehrer müßten eingedenk bleiben, daß es Versuche, Kirche und Staat zu einen, auch in unserer Vergangenheit gegeben hat: Man denke an den mittelalterlichen Streit zwischen Kaiser und Papst, Calvin in Genf oder Savonarola in Florenz, um nur die bekanntesten Versuche zu nennen.
Über diese beiden Unterscheidungen hinaus gibt es noch eine Zahl weiterer von großer und weniger großer Bedeutung. Doch wird der interessierte Lehrer beim Studium des Islam einer Fülle tiefer religiöser Einsichten begegnen und einer überraschend großen Zahl von Gemeinsamkeiten mit dem Christentum. Das ist wichtiger. Zum Schluß kann es passieren, daß er in Muslimen Brüder und Schwestern erlebt, die ihm näher stehen als die säkularisierten Zeitgenossen im Westen, die ihren Lebenssinn im rücksichtslosen Streben nach nur eigenem Glück suchen.

3. Zur Zielsetzung: Das Ziel kann nicht sein, die Überlegenheit des Christentums zu demonstrieren und den Islam pauschal abzuurteilen. Es ist wohl richtig, wenn jeder Gläubige in dem Haus wohnen bleibt, im dem er großgeworden ist, dessen Sitten und Gepflogenheiten, Gerüche und Eigenheiten ihn geprägt haben und das er liebt. Darum kann er aber doch die Fenster öffnen und Kontakt zum Nachbarn aufnehmen, ihn sogar einladen und lange Abende mit ihm über Gott und die Welt reden und gemeinsam mit ihm das Gute tun. Wenn dann der eine oder andere meint, umziehen zu müssen, so sei ihm diese Freiheit gewährt. Das letzte Urteil jedoch steht dem Herrn aller Häuser in der Stadt Gottes zu.
Erneut möchte ich betonen, daß ein Stundenblatt kein Lernprogramm ist. Vielmehr ist es zu verstehen als der Einblick in die Werkstatt eines Kollegen: So hat er unterrichtet. Das hat er sich dabei gedacht. Diese Erfahrungen hat er gewonnen. Jede Kollegin und jeder Kollege sei nachdrücklich dazu aufgefordert, eigenständig und in größter Freiheit mit den vorliegenden Materialien, Methoden, Gedanken umzugehen. Der Religionsunterricht steht und fällt mit der Persönlichkeit des Lehrers. Das ist das Große und gleichzeitig das Schwere dieses besonderen Faches. Lehrerpersönlichkeit, Schülereigenheiten, Klassensituation werden es kaum je zulassen, daß eine Stunde, wie sie hier konzipiert worden ist, wortwörtlich gehalten werden kann. Deshalb sollten die einzelnen Stunden eher als Gedankenschritte oder Unterthemen verstanden werden.
Es kann auch nicht das Ziel dieser Unterrichtseinheit sein, die multikulturelle Gesellschaft zu fördern. Das kann ein Nebeneffekt sein. Das Ziel aber bleibt, die Gegebenheiten dieser Welt nach Möglichkeit mit dem Geist Christi zu durchdringen.
Prof. A. Falaturi von der Univesität Köln hat sich über 12 Jahre lang an der internationalen Schulbuchforschung zum Islam beteiligt. Den Ergebnissen, die unter dem Titel „Der Islam im Unterricht“ veröffentlicht wurden, stellt er diesen Aufruf voran:

Appell

Zweifelsfrei bildet das Streben nach Gerechtigkeit
und Frieden und in diesem Sinne die
Bewahrung und der Schutz der Rechte der Menschen
den Kern der Botschaft der drei Religionen
Judentum, Christentum und Islam.

Dieser Wert bleibt unberührt, selbst dann,
wenn er immer wieder von Anhängern
jeder dieser Religionen verletzt wurde.

Es ist die Aufgabe der heutigen Generation von
verantwortungsbewußten Juden, Christen und
Muslimen, sich gegenseitig im Sinne
der Verwirklichung der Verantwortung für den Frieden
in Europa und in der Welt zu bestärken,
statt die Verletzung dieser Kardinalwerte zum Anlaß für
neue Streitigkeiten zu nehmen.

Ansätze für diese gemeinsame Verantwortung gibt es
zahlreich in den Schriften der Religionen.

Es gibt keinen Frieden in der Welt, ohne den bewußten
Einsatz der Anhänger der großen Religionen für den
Weltfrieden.

*Abdoldjavad Falaturi * Udo Tworuschka*

Autor und Verlag bitten die Leserinnen zu tolerieren, daß in der Folge die Doppelung „Kolleginnen und Kollegen“, „Schülerinnen und Schüler“ etc. um der besseren Lesbarkeit des Textes willen und ohne jede frauenverachtende Tendenz aufgegeben wurde zugunsten der Begriffe „Kollegen“, „Schüler“ etc.

So wünsche ich denn allen Kollegen einen größtmöglichen Gewinn in der Beschäftigung mit dem Islam und viel Erfolg bei der Arbeit mit diesem Stundenblatt.

Siegfried Schulz
April 1992

Methodisch-didaktische Vorbemerkung

Zur Zeit leben in der Bundesrepublik Deutschland etwa 1,9 Millionen Muslime, darunter etwa 1,6 Millionen muslimische Türken. Die Zahl der gebürtigen Deutschen, die zum Islam konvertiert sind, wird auf etwa 50 000 geschätzt. Bei den meisten von ihnen handelt es sich um die deutschen Ehefrauen eingewanderter Muslime. Die Zahl der nicht heiratsbedingten Konversionen betrug in den letzten 15 Jahren etwa 2000. Mit anderen Worten: Der Islam gehört zur bundesdeutschen Wirklichkeit, auch wenn er noch nicht in allen Kreisen in dieser Weise wahrgenommen wird. Ob uns das lieb ist oder nicht, wir leben schon seit Jahrzehnten auf Tuchfühlung mit Muslimen zusammen. Es ist höchste Zeit, daß wir unsere muslimischen Nachbarn als Menschen mit eigener religiöser Tradition kennen und respektieren lernen.

In unserem Nachbarland Frankreich leben, bedingt durch die koloniale Vergangenheit, zur Zeit etwa 3 Millionen Muslime. Sie stellen dort noch vor den Protestanten die zweitgrößte religiöse Gruppe dar.

Fremdenfeindliche Übergriffe und entsprechende politische Agitationen sind unseren Schülern dort und bei uns nur allzugut bekannt und bestimmen zunehmend ihr Verhältnis zum Fremden und zu den Fremden ganz allgemein.

Der Zusammenbruch der Sowjetunion und die Auflösung des Warschauer Pakts beraubte den Westen seines gewohnten Feindbilds. Die nationalen Armeen ebenso wie die NATO müssen sich neu legitimieren. In dieser Not bot sich der Islam als neues Feindbild an: Zunächst durch den Versuch der Ayatollahs, im Iran eine Theokratie zu errichten, dann durch den Irak-Iran-Krieg und zuletzt durch den Golfkrieg Saddam Husseins. Jedesmal wurde auch der Islam bemüht, um politischen Zielen einiger machthungriger Politiker zu dienen, gleichgültig, ob ihre Inanspruchnahme der Religion durch den Koran oder die Gemeinschaft der Muslime gedeckt war. Leider haben auch einige deutsche Publizisten Veröffentlichungen auf den Markt gebracht, die den Islam nur unter dem politisch-aggressiven Vorzeichen darstellen. Das Buch der Betty Mahmoody „Nicht ohne meine Tochter“ tat ein übriges, Vorurteile bezüglich des Islam bei uns zu stärken.

All dies hat zusammen mit jahrhundertealten Vorurteilen dazu geführt, daß unser Islambild in unerträglicher Weise verzerrt und verstümmelt ist. Und manche unserer Schüler meinen, entsprechend ablehnend mit Muslimen und dem Islam umgehen zu dürfen. Wer einmal ahnungslos dieses Thema anpackte und bei der geringsten Würdigung des Islam und der Muslime auf massivsten Widerstand bei Schülern stieß, der weiß, warum in diesem Stundenblatt zunächst ausgewählte kulturelle Leistungen und Gemeinsamkeiten herausgestellt werden, dann Vorurteile reflektiert und in allem zu einem objektiven Urteil und einer christlichen Betrachtungsweise hingeführt wird.

Der Kollege, der sicher weiß, daß er mit solchen Widerständen nicht rechnen muß, kann die ersten Stunden außer acht lassen und sich gleich auf die religiösen und dann auf die gesellschaftlichen Aspekte des Islam konzentrieren.

Der Islam wird auch im Fach Geschichte unterrichtet. Im Rahmen der alten Geschichte werden das Leben Mohammeds und die Entstehung des Islam vorgestellt, in der mittelalterlichen Geschichte wird im Zusammenhang mit den Kreuzzügen erneut der Islam thematisiert. Hier sind

Absprachen im Sinne eines fächerverbindenden Unterrichts angezeigt.
Interessierten Schülern kann der sehr schön aufgemachte und reich beschilderte Taschenband

„Mohammed, die Stimme Allahs“
von Anne-Marie Delcambre,
Otto Maier Ravensburg,
Band 3 der Reihe „Abenteuer Geschichte“

empfohlen werden. Er gibt einen hervorragenden Einblick in den Werdegang, das Leiden und Streiten Mohammeds in seiner Zeit.
Der Deutschkollege wird unter Umständen bereit sein, eines der vielen Jugendbücher zum Islam als Ganzschrift in seinem Unterricht zu lesen. Dies wäre eine hervorragende Ergänzung. Wo – schon um inhaltliche Überschneidungen zu vermeiden – das Zusammenleben von Türken und Deutschen im Vordergrund stehen soll, ist zu empfehlen:

Annelies Schwarz,
„Hamide spielt Hamide – Ein türkisches Mädchen in Deutschland“,
dtv junior 7864 (dtv pocket).

Auch an dieser Stelle sei dem Kollegen empfohlen, schülerzentriert zu arbeiten, die Schüler bei ihren Erfahrungen und Gedanken abzuholen, exemplarisch zu unterrichten und den Mut zu haben, auf diesen oder jenen wichtigen Gedanken zu verzichten, wenn die Sache, um die es bei diesem Thema im Religionsunterricht gehen muß, gefördert wird. Eine Begegnung mit Vertretern des Islam ist pädagogisch wesentlich sinnvoller als die Beherrschung der islamischen Abspaltungen, Gruppen und Sekten.

Der vorgelegte Unterrichtsvorschlag ist für die Sekundarstufe I entworfen. Mit den entsprechenden Modifikationen kann er von Klasse 7 bis Klasse 10 unterrichtet werden. Selbst der Kollege, der das Thema Islam in der Oberstufe unterrichtet, wird viel Brauchbares in diesem Heft finden.

Kommentierte Bibliographie

Die Literatur zum Islam ist unübersehbar. Der Kollege wird zu jedem islamischen Land, zu jedem Spezialgebiet (z.B. Architektur und Städtebau) Angebote auf dem Buchmarkt vorfinden.
Selbstverständlich sind die Angebote von höchst unterschiedlicher Qualität.
Zur Arbeit in der Schule sind zunächst zwei Quellentexte zu empfehlen:

Der Koran,
Übersetzung von Adel Theodor Khoury unter Mitwirkung von Muhammed Salim Abdullah,
Gütersloher Verlagshaus Gerd Mohn,
GTB Sachbuch 783

und

So sprach der Prophet
(Texte aus dem Hadith),
Worte aus der islamischen Überlieferung,
ausgewählt und übersetzt von
Adel Theodor Khoury,
Gütersloher Verlagshaus Gerd Mohn,
GTB Sachbuch 785.

Der Koran ist ein für uns und erst recht für Schüler schwer verständliches Buch mit abstrakten Inhalten. Die auf dem Markt befindlichen Übersetzungen erschweren häufig das Verständnis. Khourys Übersetzung ist die z.Zt. neueste, dem gegenwärtigen Sprachgebrauch am weitesten angepaßte und zeichnet sich durch eine (relative) Lesbarkeit auch für Schüler aus. Von diesem Werk sollte ein Klassensatz für die Arbeit zur Verfügung stehen. Prof. Dr. Khoury wurde 1930 im Libanon geboren und ist Leiter des Seminars für Religionswissenschaft an der Katholisch- theologischen Fakultät der Universität Münster. Ebenso sollte von dem an zweiter Stelle genannten Werk ein Klassensatz zur Verfügung stehen. Obwohl schon in der Koranausgabe Erzählungen aus dem Hadith angefügt sind, besitzt der Schüler mit dieser umfangreichen Auswahl eine große Zahl kurzer, prägnanter, nicht selten anekdotischer Erzählungen aus der Zeit Mohammeds und kurz danach. Hier begegnet dem Schüler ein Schatz orientalisch-religiöser Überlieferung von zum Teil tiefster Einsicht. Diese Stücke werden sich interessierten Schülern rasch öffnen und einen unmittelbaren Eindruck von islamischem Denken vermitteln.

Kurze, handhabbare Einführungen in den Islam sind die beiden Bändchen:

Was jeder vom Islam wissen muß,
herausgegeben vom Lutherischen Kirchenamt der Vereinigten Evangelisch-lutherischen Kirche Deutschlands und vom Kirchenamt der Evangelischen Kirche in Deutschland,
Gütersloher Verlagshaus Gerd Mohn,
GTB Sachbuch 786, 3. Aufl. 1991

und

Der Islam im Unterricht,
Beiträge zur interkulturellen Erziehung in Europa
(Abdoldjavad Falaturi, Udo Tworuschka),
Beilage zu den Studien zur internationalen Schulbuchforschung,
Georg-Eckert-Institut für internationale Schulbuchforschung,
Celler Straße 33,
3300 Braunschweig.

In beiden Bänden bemühen sich die Autoren um eine abgewogene Sicht des Islam. Im letztgenannten Band werden in knapper Form sachgemäße und unsachgemäße Aussagen einander gegenübergestellt. Beide Bände sind eine große Hilfe für den Lehrer, der diese oder jene Aussage rasch auf ihre Richtigkeit hin überprüfen möchte. Möchte er sich umfassender orientieren, dann sei er hingewiesen auf das handliche und noch erschwingliche

Islam-Lexikon A–Z,
Geschichte – Ideen – Gestalten,
A. Th. Khoury, L. Hagemann, P. Heine;
Drei Bände,
Herder Verlag.

Übersicht über die Unterrichtseinheit

Mat. 1, 2, ... im Materialienheft
Mat. A, B, ... bei den Stundenbeschreibungen

Stunde	Inhalt (Kurzfassung)	Begründung bzw. Erläuterung des Themas	Referate, Hausaufgaben	Vom Lehrer besonders zu beachten
1. Stunde: Sich dem Islam öffnen?	– Gesellschaftliche Problemfelder im Zusammenleben mit Muslimen – Fragebogen: Was wissen wir vom Islam? – Erste Handlungsmaßstäbe	– Motivation – Aktualisierung – Selbstwahrnehmung – Diskussion von Kriterien	– Nach dem Buch von Betty Mahmoody „Nicht ohne meine Tochter“ fragen – Evtl. Referat anbieten	Der Lehrer sollte aufmerksam registrieren, in welcher Weise seine Schüler auf die Problemfelder reagieren: – Sind sie mit pauschalen Antworten zufrieden? – Sprechen sie verachtend von Türken und Muslimen? – Gibt es rechtsextreme Tendenzen? Materialien: Mat. A Mat. 1, 2 Arbeitsblatt 1
2. Stunde: Dem Fremden begegnen	– Sprachverwandtschaften feststellen – Islam.-arabische Kultur – Vorurteile und Unkenntnis	– Die fremde Kultur würdigen – Die Berührungen erkennen – Den Fremden und das Fremde respektieren – Vorurteile wahrnehmen	Hausaufgabe: Bearbeiten des Textes von S. Hunke (Mat. 6)	– Nicht einseitig werden – Kritische Ergänzungen dulden – Um Sachlichkeit bemüht bleiben Materialien: Mat. B Mat. 3-6

Stunde	Inhalt (Kurzfassung)	Begründung bzw. Erläuterung des Themas	Referate / Hausaufgaben	Vom Lehrer besonders zu beachten
3. Stunde: Urteil oder Vorurteil	– Ein Problemfeld im privaten Zusammenleben – Abendländische Vorurteile über Muslime – Erziehungsziele (Art. 12 der Landesverfassung von Bad.-Württ.)	– Erkennen, wie Vorurteile entstehen, weitergegeben werden und welche Folgen sie haben – Die Erziehungsziele der Landesverfassung als Gegenpol		– Wie in Stunde 2 kritischen Ergänzungen Raum geben – Die Vorurteile eher als tragig-komische Erscheinungen beschreiben / den Schülern nicht Schuld zusprechen Materialien: Mat. C Mat. 7-10
4. Stunde: Wir leben mit Vorurteilen und Feindbildern	– Was sind Vorurteile? – Was sind Feindbilder? – Ein Spiel zur Selbsterfahrung	– Die Beschäftigung mit Feindbildern und Vorurteilen soll entlasten – Spielend das Maß der eigenen Offenheit entdecken	Hausaufgabe: Erarbeitung des Textes von Josef van Ess (Mat. 12)	Bei höheren Klassen kann auf diese Stunde verzichtet werden. Der Lehrer sollte die entlastende Funktion dieser Stunde im Auge behalten: Menschen brauchen Vorurteile! Materialien: Mat. 11 und 12 Arbeitsblätter 2 und 3

Stunde	Inhalt (Kurzfassung)	Begründung bzw. Erläuterung des Themas	Referate / Hausaufgaben	Vom Lehrer besonders zu beachten
5. Stunde: Mohammed und der Islam	– Das Leben Mohammeds – Eine Bildmeditation – Die Abschiedspredigt Mohammeds – Einige Fachtermini	– Kennenlernen Mohammeds . . . – . . . und seiner Lehre	Hausaufgabe: Erarbeitung des Textes von Josef van Ess (Mat. 15)	Der Lehrer sollte mit hohem Respekt von Mohammed und seiner Wirksamkeit sprechen. Seine Leistung ist vor dem historischen Hintergrund kaum zu überschätzen. Materialien: Mat. 13-15
6. und 7. Stunde: Der Koran und andere Überlieferungen	– Bildbetrachtung – Vergleich Sure 1 und Psalm 1 – Der Koran – Das Verhältnis von Koran, Hadith, Sunna und Scharija – Einige wichtige Koranstellen	– Wahrnehmen, daß der Koran das Heilige Buch des Islam ist . . . – . . . und große Nähen zur Bibel besitzt – Entstehung und Bedingungen des Koran – Islamische Lehre vom Koran – Hadith, Sunna und Scharija kennenlernen		Diese Doppel-Stunde darf nicht unter Zeitdruck geraten. Bei der Himmelsleiterikone wie bei den Textvergleichen den Schülern Zeit lassen, selbst Entdeckungen zu machen. Einen islamischen Gast (Mitschüler; Schülervater oder -mutter) für die 10. Stunde einladen. Materialien: Mat. 16-20

Stunde	Inhalt (Kurzfassung)	Begründung bzw. Erläuterung des Themas	Referate / Hausaufgaben	Vom Lehrer besonders zu beachten
8. Stunde: Gott oder Allah?	– Vergleich dreier Gebete – Das Wort „Allah“ – Die Eigenschaften Allahs nach Sure 1	– Erfahren, wie nah sich die drei monotheistischen Religionen in ihrer Gebetssprache sind – „Allah“ als Bezeichnung für Gott verstehen lernen – Die Inhalte des islamischen Gottesbildes lernen	Hausaufgabe: Stellung beziehen zu den 99 Namen Gottes (Mat. 23)	– Sich nicht für eine Interpretation des Begriffs „Allah“ entscheiden – Die Spannung aushalten und unterrichten – Die Nähe (vgl. die drei Gebete oder den Begriff „Barmherzigkeit“) betonen Materialien: Mat. 17; 21- 23
9. Stunde: Jesus im Koran	– Ein Wettspiel – Informationen zu Jesus im Koran – Zwei Korantexte zum Thema – Ein Kreuzworträtsel	– Die Schüler sollen lernen, mit welcher Hochachtung der Koran von Jesus spricht . . . – . . . aber auch die Unterschiede zur Kenntnis nehmen	Evtl. Hausaufgabe: Lösung eines Kreuzworträtsels (Arbeitsblatt 5)	Bei höheren Klassen sollte auf das Kreuzworträtsel verzichtet werden. Materialien: Mat. 24 Arbeitsblätter 4 und 5
10. Stunde: Islamische Feste	– Ein islamischer Gast erzählt – Der Festkalender des Islam – Das Beiramfest – Ein Vergleich des Beiramfestes mit Weihnachten	– Durch das Kennenlernen der Feste im Islam sollen die Schüler Einblicke und Verständnis für das Leben der Muslime gewinnen		Die erste Begegnung mit Muslimen gut planen: Das Thema („Feste und Feiern im Islam“) klar vereinbaren und daran festhalten. Materialien: Mat. 25-27

Stunde	Inhalt (Kurzfassung)	Begründung bzw. Erläuterung des Themas	Referate / Hausaufgaben	Vom Lehrer besonders zu beachten
11. Stunde: Die Wallfahrt nach Mekka	– Sinn des Reisens und Pilgerns – Der Verlauf und die Bedeutungen der Wallfahrt nach Mekka – Ein Erlebnisbericht – Die fünf Säulen des Islam	– Reisen ist für Menschen unserer Zeit von herausragender Bedeutung – Die Schüler sollen ihr Reisen bedenken und dabei Verständnis gewinnen für religiöses Reisen überhaupt . . . – . . . und besonders die Wallfahrt nach Mekka – Die fünf Säulen des Islam sind Basiswissen	Hausaufgabe: Die fünf Säulen oder Pfeiler es Islam (Mat. 32) lernen	Die Bedeutung des Reisens und Pilgerns in das Zentrum stellen, nicht etwa den Verlauf einer Wallfahrt nach Mekka. Materialien: Mat. D Mat. 28-32
12. Stunde: Islamische Frömmigkeit	– Ein Gespräch über Frömmigkeit – Erfahrungen im Umgang mit islamischen Schülern – Glaubensbekenntnis und Pflichtgebet – Die Moschee – Erarbeitung von Verhaltensregeln	– Die Schüler sollen erfahren, daß der Islam eine gelebte Religion ist – Die schulische Beschäftigung mit dieser Religion geschieht nicht im luftleeren Raum – sie wird von Menschen gelebt und getragen – Ein Vergleich macht Unterschiede deutlich, beschämt aber auch nicht selten – Moscheebau, Glaubensbekenntnis und Pflichtgebet sind Basiswissen	Hausaufgabe: Mit Hilfe des Materials 36 Regeln für den Umgang mit Muslimen erarbeiten	Nicht vergessen, daß es in dieser Stunde nicht nur um die Frömmigkeit der Muslime geht, sondern auch um die eigene. Muslime zur 20. Stunde einladen! Materialien: Mat. 33-36

Stunde	Inhalt (Kurzfassung)	Begründung bzw. Erläuterung des Themas	Referate / Hausaufgaben	Vom Lehrer besonders zu beachten
13. Stunde: Heiliger Krieg I: Der Dschihad	– Rundgespräch zum Reizwort „Heiliger Krieg" – Der Koran zum „Dschihad" – Eine Reflexion über unsere Maßstäbe („Kreta") – Eine Systematik zum Begriff „Dschihad"	– Der Begriff „Heiliger Krieg" oder „Dschihad" löst Ängste aus – die Schüler müssen lernen, sachgemäß damit umzugehen	Hausaufgabe: Erarbeitung des Textes von S. Al-Azm (Mat. 39)	– Um eine objektive und sachgemäße Darstellung bemüht bleiben, aber auch von Versuchen wissen, den „Dschihad" für machtpolitische Zwecke zu mißbrauchen. – Den Schülerängsten Raum geben, sich zu artikulieren. Materialien: Mat. 37-39
14. Stunde: Heiliger Krieg II: Islamische und christliche Eroberungen	– Erarbeitung des Begriffs „Heiliger Krieg" – Ein Blick auf die Kreuzzüge . . . – . . . und den Kolonialismus – Westlicher Wirtschaftsimperialismus – Die Schlacht von Tours und Poitiers	– Einen fairen und sachgemäßen Umgang mit dem Begriff „Heiliger Krieg" lernen – Die Vergangenheit (Kreuzzüge oder Schlacht von Tours und Poitiers) nicht einäugig wahrnehmen – Das westl. Streben nach Vormacht bis in die Gegenwart hinein erkennen	Hausaufgabe: Erarbeitung des Textes von S. Hunke (Mat. 42)	Es geht nicht darum, zu beschuldigen oder zu entschuldigen, sondern Vergangenheit und Gegenwart möglichst objektiv zur Kenntnis zu nehmen. Materialien: Mat. E Mat. 40-42

Stunde	Inhalt (Kurzfassung)	Begründung bzw. Erläuterung des Themas	Referate / Hausaufgaben	Vom Lehrer besonders zu beachten
15. Stunde: Angst vor dem Islam?	– Eine Bildbetrachtung oder -meditation – Die Scharija in Bild und Text – Der islamische Fundamentalismus – Die Welt des Islam in Zahlen und Staaten	– Die eigenen Ängste vor dem Islam wahrnehmen und auf ihre Stichhaltigkeit hin überprüfen – Den neben dem „Dschihad" zweiten angstauslösenden Begriff „Scharija" kennenlernen . . . – . . . und den islamischen Fundamentalismus – Ausbreitung und Stärke des Islam kennen	<u>Hausaufgabe:</u> Erarbeitung des Textes von J. Fritz-Vannahme (Mat. 49)	– Aufmerksam auf die Gefühle und Bemerkungen der Schüler hören – Keine Reaktionen unterdrücken, vielmehr Ängste und (Vor-) Urteile sensibel aufnehmen – Abgrenzungen deutlich markieren <u>Materialien:</u> Mat. F Mat. 43-49
16. Stunde: Die Stellung der Frau im Islam	– Ein Gespräch zum Thema mit Bildimpuls – Ein Beurteilungsmaßstab – Drei Koranstellen und eine Stimme aus dem Islam zur Situation der Frauen – Die Stellung der Frau in verschiedenen islamischen Gesellschaften – Stimmen islamischer Frauen	– Die Stellung der Frau im Islam gilt als Zeichen islamischer Rückständigkeit – es muß die Aufgabe des Lehrers sein, den Fortschritt durch Mohammed und die Grenzen dieses Fortschritts zu unterrichten – Die Grenzen bedeuten gleichzeitig eine Warnung vor unüberlegter Eheschließung	<u>Hausaufgabe:</u> Bearbeitung des Textes von A. Czerny (Mat. 54)	Die Stellung der Frau im Islam ist so unterschiedlich wie die islamischen Gesellschaften. Die vielfältigen Möglichkeiten sind nicht zu überschauen. Mohammeds Verdienst als „Befreier der Frauen" ist gewiß hoch zu veranschlagen. Andererseits können seine Maßnahmen nicht genügen, wohl aber die Tendenz seiner Bemühungen. Dies ist zu unterrichten. Materialien: Mat. G und H Mat. 50-54

Stunde	Inhalt (Kurzfassung)	Begründung bzw. Erläuterung des Themas	Referate / Hausaufgaben	Vom Lehrer besonders zu beachten
17. Stunde: Warum wir Christen sind	– Bildmeditation – Ein Spiel um Positionen – Vergleich Islam – Christentum – Beschäftigung mit dem Credo unter islamischem Vorzeichen	– In dieser Stunde sollen die Schüler auf zwei Ebenen, affektiv und kognitiv, ihre bzw. die christliche Position gegenüber dem Islam erarbeiten		– Spielkarten „Positionen“ nicht vergessen – Sich Zeit lassen für die Diskussion der vertretenen Positionen, evtl. eine weitere Stunde einplanen Materialien: Mat. 55 und 56 Arbeitsblatt 6 (Spielkarten)
18. Stunde: Muslime unter uns	– Diskussion eines deutsch-islamischen Schulproblems – Zahlen zu den Muslimen in Deutschland – Gruppierungen im Islam – Zum Zusammenleben mit Muslimen: Erfahrungen und Regeln	– Diese Unterrichtseinheit möchte nicht nur Kenntnisse über den Islam vermitteln, sondern auch zu einem besseren Zusammenleben helfen	Hausaufgabe: Erarbeitung des Textes Mat. 61	Wenn möglich sollte der Kollege ein aktuelles Schulproblem diskutieren. Je näher, desto besser. Natürlich gibt es nicht nur bereichernde Erfahrungen, sondern auch Enttäuschungen und Verletzungen. Dies muß zugestanden werden. Materialien: Mat. 57-61

Stunde	Inhalt (Kurzfassung)	Begründung bzw. Erläuterung des Themas	Referate / Hausaufgaben	Vom Lehrer besonders zu beachten
19. Stunde: Missions-auftrag oder Toleranz?	– Eine Übung zur Selbsterfahrung – Die biblische Grundlegung der christlichen Mission – Eine Problematisierung – Toleranz und Intoleranz im Islam – Zeichen der Toleranz	– Die Schüler sollen erkennen, daß Toleranz und Intoleranz bei ihnen selbst und im Islam nebeneinander vorkommen – Sie sollen verstehen, wie zentrale biblische Texte zur Mission heute verstanden werden – Sie sollen sehen, wie offizielle Stellen beider Religionen beides, Toleranz u. Intoleranz, vertreten		– Den frommen und engen Schülern helfen, ihr Missionsverständnis zu revidieren – Intoleranz beim Namen nennen, aber zur Begegnung und zur Liebe ermutigen Materialien: Mat. J Mat. 62-65 Arbeitsblatt 7
20. Stunde: Besinnung – Befragung – Begegnung	– Nachdenken über eine Einladung zum gemeinsamen Friedensgebet – Drei meditative Texte – Klassengespräch mit muslimischen Gästen	– Die Schüler sollen durch Begegnungen mit Muslimen lernen, – fremde Überzeugungen zu respektieren, – eigene auszudrücken, ohne zu verletzen, – einen (ersten) sachgemäßen Dialog zu führen – Die meditativen Texte können dem Nachdenken und Gespräch dienen, wenn eine Abschlußstunde mit diesem Charakter gewünscht ist		Die Abschlußstunde präzise planen, entweder als Begegnung mit Muslimen oder als Ausklang mit Texten, Gesprächen und Musik. Die Begegnung mit Muslimen genau vorbesprechen, damit es wirklich zu einem Dialog oder wenigstens zu einer gegenseitigen Befragung kommt. Auf die Atmosphäre achten: Die Gäste begrüßen, mit Dank und einem kleinen Geschenk verabschieden. Materialien: Mat. K und L Mat. 66 und 67

Stundenbeschreibungen

1. Stunde: Sich dem Islam öffnen?

A Methodisch-didaktische Vorbemerkungen

Zunächst sei der Kollege auf die „Methodisch-didaktische Vorbemerkung“ im Rahmen der Einleitung hingewiesen, in der Grundsätzliches zum Thema ausgeführt wird.
Bei der Vorbereitung auf die erste Stunde, muß man um die Bedeutung gerade dieser Stunde wissen: Sie soll dem Schüler nicht nur Inhalte, Fragen und Methoden signalisieren, ihn motivieren, engagiert am The-ma zu arbeiten, sondern sie soll auch dem Lehrer erste Hinweise auf die Klassensituation vermitteln. Er muß für ein gedeihliches Arbeiten wissen, mit welchen Meinungen, Urteilen und Vorurteilen er zu rechnen hat und welche Intensität dahintersteht. Es wäre äußerst unerquicklich, wenn der Unterricht immer wieder um eines „Nebenkriegsschauplatzes“ willen unterbrochen werden müßte, auf dem der Lehrer sich mit abfälligen Äußerungen zum Islam und über Muslime auseinandersetzen muß.
Hier wird nun vorgeschlagen, diese erste Stunde als Klassenspiel zu gestalten: Spielerisch, schülerzentriert, erfahrungsbezogen und affektiv soll eine Bürgerversammlung zur Frage „Sollen wir einen Moscheebau in unserer Stadt akzeptieren?“ initiiert werden. Der Lehrer kann den Schülern bzw. Schülergruppen Bürgergruppen zuordnen wie z.B.:
- der Liederkranz,
- der Handels- und Gewerbeverein,
- der Sportverein,
- der evangelische Pfarrer,
- der katholische Pfarrer,
- die im Stadtrat vertretenen Fraktionen,
- die Bewohner eines Altenheims,
- der Vertreter der Polizei.

Am Ende dieser Stunde muß der Lehrer einen Blick für die Ausgangssituation in seiner Lerngruppe gewonnen haben.

B Ziele der Stunde

In dieser Stunde sollen die Schüler
- spielerisch motiviert werden für die Arbeit am Thema;
- Meinungen, Urteile und Vorurteile vertreten und/oder spielerisch vorstellen können, ohne sofort Widerstand zu erleben;
- zur Kenntnis nehmen, wie wenig sie vom Islam wissen;
- erste, grundsätzliche Fakten zum Islam lernen;
- erfahren, wie andere, in diesem Fall der Pfarrer von Welzheim, auf muslimische Intoleranz reagieren;
- erkennen, daß die Kirchen sich um eine präzise Grenzziehung bei prinzipiell freundlicher Grundhaltung bemühen.

C Stundenverlauf

Phase 1: Der Lehrer liest den Brief („Ein Brief der islamischen Glaubensgemeinschaft“, Mat. A) vor und erklärt seine Absicht, mit den Schülern eine Bürgerversammlung zu spielen. Jetzt muß er mit einigen Minuten des Umräumens und Einrichtens, der Rollenverteilung und Absprachen der Schüler untereinander rechnen. Es wird ratsam sein, wenn er sich neben den „Bürgermeister“ setzt, um ihn gegebenenfalls zu unterstützen. Die „Sekretäre“ können die Pro- und Contraargumente auch auf Zettel schreiben. Das ermöglicht dem Lehrer, die Ergebnisse in der nächsten Stunde selbst, d.h. geglättet und zusammengefaßt, an die Tafel zu bringen. So ist auch die Schwierigkeit erledigt, unbedingt in dieser Stunde bis zur Ergeb-

Mat. A

Ein Brief der islamischen Glaubensgemeinschaft

Glaubensgemeinschaft türkischer Muslime i.A. Ödan Özdal

.... , den ....
Hauptstr. 24

An das Bürgermeisteramt

in ....

An die Evang. Kirchengemeinde

in ....

An die Kath. Kirchengemeinde

in ....

An die Leitung des Gymnasiums

in ....

Sehr geehrte Damen und Herren,

die Glaubensgemeinschaft türkischer Muslime in unserer Stadt ist in den letzten zehn Jahren auf fast 400 Mitglieder angewachsen.

Wie alle religiösen Menschen und erst recht alle Muslime wünschen auch wir uns ein Gotteshaus, um in der Gemeinschaft Gott zu verehren, die Gebetszeiten zu halten, Unterricht zu veranstalten und gesellige Treffen zu organisieren.

Nun ist uns im Gewerbegebiet ein geeignetes Areal angeboten worden, das wir gerne erwerben und mit einer Moschee bebauen würden.

Allerdings möchten wir nicht gegen den Willen der Bürgerschaft unserer Stadt handeln.

Deshalb bitten wir Sie, in Ihren Gremien unseren Wunsch zu diskutieren und uns Ihre Einstellung freundlichst mitzuteilen.

Wir danken Ihnen für Ihre Mühe und grüßen Sie in Erwartung Ihrer Antwort

(Ödan Özdal)

nisfixierung kommen zu müssen. Im Rahmen seiner Unterstützung des Bürgermeisters kann er gegen Ende der Bürgerversammlung diesem oder einem beteiligten Bürger den Text „Eine Moschee in Welzheim“ (Mat. 1) zuschieben mit der Aufforderung, diesen Brief in die Versammlung einzubringen. Die vorläufige Abstimmung gibt der Bürgerversammlung einen Höhepunkt und schließt diese Phase ab.

Zur **Phase 2** muß die übliche Sitzordnung nicht wiederhergestellt werden. Der Lehrer teilt die Fragebogen „Was wissen wir vom Islam?“ (Arbeitsblatt 1) aus und fordert die Schüler auf, sie sofort – mit Bleistift – zu beantworten. Der Fragebogen ist von Fachleuten der Evangelischen Kirche erarbeitet und darf auch dort Sachkenntnis für sich beanspruchen, wo landläufig andere Meinungen vertreten werden. Die offizielle Lösung wird unmittelbar anschließend mitgeteilt. Jetzt hat jeder Schüler die Möglichkeit, falsche Antworten auszuradieren und die richtigen Antworten einzutragen.

Die Stunde schließt mit **Phase 3**, in der der Lehrer eine Grenzziehung („Aus einer Handreichung für die Begegnung mit Muslimen“, Mat. 2) mitteilt, und mit einer Zusammenfassung der Stundenergebnisse. Die einzelnen „Stunden“ bezeichnen eher Sinneinheiten als wirkliche 45-Minuten-Schulstunden.
Es ist wichtig, daß der Lehrer von dieser ersten Stunde an Wert legt auf eine systematische Heft- oder Ordnerführung.

2. Stunde: Dem Fremden begegnen

A Methodisch-didaktische Vorbemerkungen

In dieser zweiten Stunde geht es vor allem darum, auf die kulturellen Leistungen der arabisch-muslimischen Völker und auf das reiche islamische Kulturerbe im Abendland hinzuweisen. Damit soll jenen Schülern unausgesprochen der Wind aus den Segeln genommen werden, die von einer Position arroganter Voreingenommenheit herab alles Islamische, Arabische oder Türkische verachten und herabsetzen. Orientalisten haben den Islam die vergessene vierte Wurzel des Abendlands genannt neben der hebräischen Bibel, der griechischen Philosophie und dem römischen Recht. Wir haben vergessen, daß ein Jahrhunderte dauernder reger kultureller Austausch nicht nur zu Al Andalus, dem maurischen Spanien, hin bestand, sondern auch zu Süditalien und Sizilien, für dessen Nähe zur arabisch-islamischen Kultur der Name Friedrich II. von Hohenstaufen symbolhaft stehen mag. Wir haben vergessen, daß in den eben genannten Gebieten und darüber hinaus auf dem Balkan Muslime Träger und Gestalter europäischer Kultur waren und sind.
In zweiter Linie soll diese Stunde den Schülern Spaß machen, weil sie entdeckendes Lernen und Teamarbeit fördert. In der Beschäftigung allein oder in Gruppen z.B. mit den arabischen Lehnwörtern werden die Schüler hingewiesen auf diesen breiten historischen Strom, der noch heute uns alle betrifft.

B Ziele der Stunde

In dieser Stunde sollen die Schüler entdecken,
– daß das Abendland ein reiches ara-

bisch-islamisches Erbe besitzt;
- auf welchen Feldern dieses Erbe besonders reich ist;
- wie unangemessen europäische Überheblichkeit ist;
- wie beklagenswert die Unkenntnis voneinander ist.

Sie sollen schon an dieser Stelle zurückhaltender mit ihrem Urteil werden, hörfähiger und dialogbereiter.

C Stundenverlauf

In **Phase 1** wird an einem Feld, den arabischen Lehnwörtern in der deutschen Sprache (Mat. 3), gezeigt, wie vielfältig die Verbindungen sind. Inzwischen gibt es mehrere Werke, die sich das Aufspüren dieser Zusammenhänge zum Ziel gemacht haben, wobei anzumerken bleibt, daß die Etymologien nicht immer unumstritten sind. Weil den Schülern die Felder Astronomie und Medizin relativ fern sind, ist darauf verzichtet worden, aus diesen reichen Fundgruben Beispiele zu nennen. Der Lehrer aber sollte das wissen und gegebenenfalls einbringen.
Vor kurzem erst ist dazu erschienen:

> *Kleines Lexikon Deutscher Wörter arabischer Herkunft, herausgegeben von Nabil Osman, Verlag C. H. Beck.*

Allerdings ist dieses Werk im vorgelegten Stundenblatt noch nicht berücksichtigt.
In die Beliebigkeit des Lehrers mögen auch diese beiden Hinweise gestellt sein:
- Das Wort Simsalabim soll eine Verballhornung der Bismalah, der ersten Zeile jeder Koransure, sein, die der fromme Muslim immer und immer wieder ausspricht: „Im Namen Gottes, des Erbarmers, des Barmherzigen."
- Der spanische Ruf „Olé", etwa in „Olé Torero", soll seinen Ursprung in „Allah" haben, dem Anruf Gottes vor einer mehr oder weniger wichtigen Angelegenheit.

Auf der vorgelegten Liste sind nicht alle Wörter arabischen Ursprungs, um voreiligen Schülern begegnen zu können, die rasch vermuten: Alle Wörter sind arabischen Ursprungs.

Zu **Phase 2** gehört das Hintergrundwissen, daß die kulturelle Blüte etwa im maurischen Spanien viel mehr eine Stadtkultur war als eine typisch islamische Kultur. Aber immerhin hat der Islam diese Kultur möglich gemacht, indem er durch die vorgegebenen gesetzlichen Rahmenbedingungen den Absolutheitsanspruch aller drei monotheistischen Religionen begrenzt und die Zusammenarbeit der Kulturträger aus diesen drei Religionen möglich gemacht hat.
Wie groß der Unterschied zum übrigen Europa gewesen ist, mag man auch an diesen zwei Beobachtungen ermessen:
- Während im maurischen Spanien, im Al Andalus, 17 Universitäten existierten, besitzt man zur gleichen Zeit in den übrigen europäischen Ländern nicht eine. Und es ist wohl kein Zufall, daß dann die erste Universität außerhalb Spaniens gerade in Palermo gegründet wird.
- Während man im Kloster St. Gallen stolz ist auf eine Bibliothek, die 600 Handschriften umfaßt, besitzt Abd Ar-Rachman in Al Andalus eine Bibliothek, deren Umfang auf 600 000 bis 1 Million Handschriften geschätzt wird.

Der Lehrer darf natürlich nicht verschweigen, daß er an dieser Stelle punktuell unterrichtet: Schon zur Zeit dieser kulturellen Blüte gab es in den Randbezirken der islamischen Herrschaften ganz andere

Verhältnisse, hat es davor und danach Zeiten des Blühens und Gedeihens wie Zeiten des Niedergangs und Verfalls gegeben. Auch kann in diesem Zusammenhang die schwierige Frage kaum beantwortet werden, was an diesen Entwicklungen durch die Religion verursacht worden ist und was nicht.
Der Brief „Ein Sohn schreibt an den Vater" (Mat. 4) soll zunächst wie ein Rätsel vorgestellt werden: Wann und wo könnte dieser Brief geschrieben worden sein? Sigrid Hunke kommentiert so:

Die Verhältnisse, von denen der Brief spricht, würden wir ohne weiteres unserem gelobten 20. Jahrhundert zutrauen.
Tatsächlich schildert er eines der Krankenhäuser, wie sie vor tausend Jahren in jeder größeren arabischen Stadt zwischen dem Himalaja und den Pyrenäen zu den unerläßlichen Einrichtungen gehörten. Cordoba besaß in der Mitte des 10. Jahrhunderts allein fünfzig Krankenhäuser. Es scheint damit sogar das allseitige Vorbild übertroffen zu haben – Bagdad mit seinen berühmten Hospitälern noch aus der Zeit Harun ar-Raschids.
Ihre Lage war sorgfältig und nach hygienischen Gesichtspunkten ausgewählt. Denn fließendes Wasser für die Bäder und täglichen Waschungen, aus dem Tigris in alle Räume geleitet, verstand sich von selbst.

Aus: S. Hunke, Allahs Sonne über dem Abendland, S. 116/117

Der Text von G. Prause „Kreuzfahrer begegnen einer fremden Kultur" (Mat. 5) ergänzt, vertieft und generalisiert die Beobachtung, für die der Brief „Ein Sohn schreibt an den Vater" (Mat. 4) steht.

Die Stunde schließt in **Phase 3** mit der Klage eines zeitgenössischen tunesischen Schriftstellers ab (Mat. B), die das Unverständnis und die Unkenntnis der Euro-

Mat. B

Ein arabischer Schriftsteller klagt

Hassouna Mosbahl

Jahrgang 1950, tunesischer Schriftsteller und Journalist, lebt seit 1985 in München. Er veröffentlichte Novellen in arabischer Sprache. Vor zwei Jahren erschien eine Auswahl seiner Erzählungen unter dem Titel „So heiß, so kalt, so hart"

Ich persönlich kann mich gegen Rassismus wappnen. Aber selbst unter meinen engsten deutschen Freunden, mit denen ich, wie wir sagen, ‚Brot und Salz geteilt' habe, selbst unter diesen Freunden stellte ich fest, daß sie von arabischer Zivilisation, Literatur und Geschichte keine Ahnung haben. Dann kann man auch nicht diskutieren. Das tut um so mehr weh, als die Araber schon immer von Europa fasziniert waren. Aber wir haben dieses Europa, den Westen, gleichzeitig auch immer gefürchtet, gehaßt: weil er uns nie als Volk und Nation anerkannt hat. Wir sind auf Anerkennung bitter angewiesen.
Diese Anerkennung könnte in Zukunft die ständige Konfrontation vermindern. Ja, sie würde uns Arabern die Möglichkeit geben, ‚aus unserer langen Nacht' hervorzutreten.

Aus: „Zeitmagazin" Nr. 15, 5. April 1991, S. 30/31

päer zum Inhalt hat. Damit sind indirekt auch die Schüler aufgefordert, sich mit diesem lohnenden Lernstoff zu beschäftigen.

Zum Schluß noch eine Bemerkung zum Text der **Hausaufgabe** „Vorurteile verscharren die Wirklichkeit" (Mat. 6). Wenn dort von „barbarische(r) Verheizung griechischen Menschheitswissens" die Rede ist, so ist damit die Verleumdung gemeint, es seien die Araber gewesen, die die berühmte Bibliothek von Alexandrien verbrannt hätten.

3. Stunde: Urteil oder Vorurteil?

A Methodisch-didaktische Vorbemerkungen

Die dritte Stunde bildet zusammen mit der 4. Stunde eine gedankliche Einheit. Es geht um Vorurteile; hier natürlich um Vorurteile Muslimen und dem Islam gegenüber. Der Lehrer sollte in dem Bewußtsein unterrichten, daß Vorurteile selbstverständliche Bestandteile menschlichen Lebens sind. Schüler erwarten vom Lehrer offene oder versteckte Vorwürfe, weil sie voller Vorurteile seien. Solche Vorurteile sind nicht nur deprimierend, sie sind auch unehrlich. Erwachsene unterscheiden sich von jungen Menschen dadurch, daß sie auf bestimmten Feldern Vorurteile abgebaut haben. Dennoch besitzen auch Erwachsene Vorurteile und sind gefordert, in einem dauerndem Prozeß diese zu erkennen und zu begründeten Urteilen umzugestalten. Wenn Schüler an dieser Stelle ihren Lehrer solidarisch erleben, wird es ihnen leichter fallen, eigene Meinungen, Überzeugungen, Einschätzungen in Frage zu stellen und so Fortschritte zu machen.

Die in der Schülereinschätzung angenehmen Unterrichtsmethoden Vorlesen, Rollenspiel, Bildbetrachtung sollen nicht darüber hinwegtäuschen, daß es um ernsthafte Ziele geht.

B Ziele der Stunde

In dieser Stunde sollen die Schüler erfahren,
- daß Vorurteile gleichsam natürlich zu jedem Menschen gehören;
- was die Ursachen für Vorurteile sein können;
- daß die Ursachen für Vorurteile ebenso bei uns selbst wie beim anderen zu suchen sind;
- wie Meinungen, Einstellungen, Überzeugungen, die uns prägen, sehr alt sein können und in ihrer meinungsbildenden Kraft kaum wahrgenommen werden;
- daß Aufmerksamkeit und eine gewisse Selbstkritik angebracht sind;
- wie klar in unserer Gesellschaft (im vorgelegten Fall in der Verfassung des Landes Baden-Württemberg) die Erziehung zu einem geschwisterlichen Miteinander gefordert wird.

C Stundenverlauf

Die Stunde beginnt in **Phase 1** mit der Erörterung der Hausaufgabe. Schon hier wird auf die historische Perspektive mancher Vorurteile hingewiesen. Bei der Erzählung von G. Ruck-Pauquèt „Johannes" (Mat. C) wird es gut sein, wenn der Lehrer selbst vorliest. Rasch wird sich eine gespannte Aufmerksamkeit ausbreiten, die u.U. eine nachhaltige Aufforderung nötig macht, wenn es darum geht, Schüler für das Rollenspiel zu motivieren. Je jünger die Schüler sind, desto lieber spielen sie. Schön wäre es, wenn eine zweite oder dritte Spielgruppe von vornherein zu erkennen gibt, daß sie eine weitere Lösungsmöglichkeit vorstellen möchte, es also nicht um das Spielen an sich geht, sondern um die dahinterstehenden Gedanken. Diese Phase schließt ab mit einer Erhebung und Fixierung der Verständnisschwierigkeiten.

In **Phase 2 und 3** soll mit Hilfe von zwei Bildern (Mat. 7 und 8) und einem Gedicht (Mat. 9) gezeigt werden, wie selbstverständlich und gedankenlos wir traditionelle Einstellungen akzeptieren: Ein türkischer Krieger spießt Babys auf, ein Maure wird zum Mohr, der Fremde wird zum niedlichen kleinen Diener, eine Schar türkischer Krieger zu einer feigen Horde. In diesen und ähnlichen Bildern und Texten drückte und drückt sich die – einstmals berechtigte – Angst vor den Türken aus, aber auch die vermeintliche eigene Überlegenheit. Maure bezeichnet den islamischen Bewohner Spaniens vor der Reconquista, also einen Araber oder Berber, auf den diese Klischees ganz gewiß nicht zutrafen. Mit seinem Gedicht „Schwäbische Kunde" – die Idee dazu hatte er am 4. Dezember 1811 – griff Uhland auf ältere Vorlagen zurück, die sich bei M. Crusius und Abraham a Santa Clara finden, aber auch einen Anhalt an der Tradition der Familie Uhland haben: Das Familienwappen der Uhlands zeigt einen gepanzerten Arm mit einem Schwert in der Faust, und man erzählte von einem sagenhaften Vorfahren, der diesen „Schwabenstreich" geführt habe. Hartmut Froeschle spricht in seinem Werk „Ludwig Uhland und die Romantik" (Köln, Wien 1973) von „...diesem köstlichen Gedicht von der Kraftmeierei eines schwäbischen Ritters im heiligen Land" und von „humorvoller Formulierung". Mag diese Ballade von Uhland auch immer so gedacht und in diesem Sinn formuliert worden sein, in deutschen Schulen wurde sie nur allzu häufig zum Zweck vordergründiger Selbstbestätigung rezipiert.

Mit **Phase 4** kann dann die Stunde in wenigen Minuten abgeschlossen werden. Es genügt, wenn der Lehrer den Art. 12 der Landesverfassung von Baden-Württemberg (oder einen entsprechenden Artikel aus der Verfassung des Landes seines Schulortes) vorliest und auf die entscheidenden Gedanken hinweist: Brüderlichkeit zu allen Menschen, Friedensliebe, Verantwortung. Der Text spricht für sich selbst (Mat. 10).

Wenn die Zeit dazu ausreicht, kann auch eine kleine Textarbeit mit entsprechendem Hefteintrag vorgenommen werden.

Mat. C

Gina Ruck-Pauquèt, „Johannes"

Es ist doch nicht so, daß einer sagen kann, was er denkt. Jeder kann das nicht. Der Johannes zum Beispiel, der denkt sich eine ganze Menge. Aber sagen?
Erst mal müßte er da besser mit den Wörtern umgehen können, sicherer.
Für den Johannes sind die Wörter immer ein Risiko gewesen, wie Glatteis, auf dem man ausrutschen kann. Oder einbrechen sogar, wenn es ganz schlimm kommt.
Sollte er denn aufstehen und sagen, daß er lieber was anderes geworden wäre als

Maurerlehrling? Daß ihn das Weltall interessiert, und wie es da zugeht? Daß er mehr darüber erfahren will?
Die Frage ist doch vor allem, wem er es hätte sagen sollen. Seinem Vater vielleicht, der abends die Schuhe auszieht, um sie klatschend an Ort und Stelle fallen zu lassen? Der mit gehäuften Gabeln voll von vermantschten Kartoffeln und Gemüse seinen Mund zukleistert, um ihn dann später vor dem Fernseher endgültig mit seinem Zigarillo zu verschließen?
Seiner Mutter, die mit stumpfen Händen Bettücher glättet, Speisereste aus dem Abfluß kratzt und die Kartoffeln für morgen mit den Blicken wiegt, bevor sie sie schält?
Es sind viele Kartoffeln, denn sie sind eine große Familie. Eine schweigsame Familie, in der man glaubt, daß Probleme allein durch Reden erschaffen werden.
Der Vater, die Mutter, die jüngeren Geschwister, sonst ist niemand da, den der Johannes etwas angeht. Einmal hat er einen Freund gehabt. In der ersten Schulklasse ist das gewesen. Aber der ist dann mit seinen Eltern weggezogen von hier.
Der Johannes ist also Maurerlehrling geworden. Er mag das, morgens in aller Frühe zum Bau fahren, fröstelnd und klamm. Und wenn dann die Sonne kommt, und wie er bei der Bewegung langsam warm wird. Ihm ist das vertraut. Auch der Geruch, den der Polier ausatmet, der Geruch nach Schnaps von gestern. Und dem Gesellen, dem Henner Paul, dem sieht der Johannes an, wie er gelaunt ist, und er weiß sich entsprechend zu verhalten.
Das ist alles gewissermaßen klar, einsehbar. Das sind ein paar wenige Muster, nach denen sich die Tage gestalten. Gute Tage, schlechte Tage. Bis Abdul kommt. An einem regnerischen Morgen kommt Abdul. Er steht da mit einem Papier in der Hand, so alt wie Johannes etwa, dünn, dunkelhaarig, fremd.
Abdul könnte ein Prinz aus einem Märchen sein, das Johannes mal im Fernsehen gesehen hat. Wenn man sich die graue Hose mit dem zu weiten Hintern wegdenkt.
Der Chef bringt ihn zu ihnen hinauf aufs Gerüst: Der Neue. Türke und so. Johannes und Abdul sehen sich an. Sanfter Blick, doch schon ein bißchen wachsam.
So könnte ich aussehen, denkt Johannes. Wenn ich keinen Spiegel gekannt hätte, würde ich denken, daß ich es bin. Er grinst dem Türken zu. Kann man sich denn so fühlen, wie ein anderer aussieht? Und ist es dann ein Zufall?
„Hol Bier“, sagen sie.
Zuerst gibt Johannes Abdul noch einen Eimer für Mörtel. Abdul lächelt und legt los. Kräftige Hände hat er. Und er ist flink.
Er bleibt auch flink. Manchmal arbeiten sie nebeneinander in den folgenden Tagen, nicken sich hin und wieder zu, schweigen. Einmal platzt Abduls Hemd im Rücken, da lachen sie, können nicht wieder aufhören, werden albern. Abdul tanzt herum, mit flatternden Hemdenfetzenflügeln.
Abends im Bett stellt Johannes sich vor, daß er Abdul erzählt, was er weiß. Vom Jupiter, von der Venus und vom Mars, auf dem es Sommer und Winter gibt. Sie sitzen auf einem Bretterstapel in der Sonne, Johannes erzählt, und Abdul hört ihm zu. Und daß er die Sprache nicht versteht, das ist überhaupt kein Hindernis.
„Ist'n guter Junge, der Türke“, sagt der Polier über ein Mauerstück hinweg und schneuzt sich die Nase.
„Ja“, sagt Johannes. „Der ist ganz prima, der Abdul, der...“
Und er hält inne unter dem erstaunten Blick des alten Mannes. So viel muß man nicht sprechen.
Dafür nimmt er sich was vor. Es ist doch so, daß man zeigen muß, wenn man einen mag, nicht wahr? Wie soll er es sonst wissen. Als es zwölf geschlagen hat, sitzt Johannes mit Abdul auf einem Bretterstapel in der Sonne. Wie in seinem Traum. Nur

daß Johannes nicht spricht. Er nimmt sein Messer und schneidet die Wurst in der Mitte durch. Es ist die gute, fette Schweine-Mettwurst, die er nur einmal in der Woche mitkriegt. Da schenkt er die eine Hälfte Abdul.
„Da“, sagt er.
Und Abdul sagt: „Danke.“
Das hat er schon gelernt.
Gleich darauf will der Polier wieder sein Bier haben, und der Henner Paul schreit nach Zigaretten.
Als Johannes zurückkommt, ist alles in Ordnung. Es ist alles in Ordnung, bis er mal muß und hinter den Bau geht, dahin, wo sie alle pinkeln. Da liegt nämlich die Wurst. Die gute, fette Mettwurst, die Johannes Abdul gegeben hat. Das ganze Stück liegt da. Es ist unberührt.
Natürlich sagt Johannes nichts. Was soll er auch sagen und wie? Zuerst tut es verdammt weh, und dann baut er sich eine Wut auf, weil er es so besser ertragen kann. Was hat er denn auch hineingeträumt in diesen Türkenbengel, der eine gute Wurst wegwirft und alles, was dran hängt? Was Johannes sich gedacht hat dazu.
Er geht Abdul aus dem Weg. Das läuft so einen Tag, zwei Tage. Möglich, daß die anderen was merken. Der Abdul merkt es jedenfalls auch. Schaut ihn an mit Furcht in den Augen, als ob er fürchtet, daß ihm der Johannes einen Ziegelstein nachwirft und so. „Ist was?“ fragt der Polier endlich zwischen zwei Schlucken. „Hast was mit'm Türken?“
Und da rutscht es aus Johannes raus. Die ganze Wurstgeschichte sagt er da in das blasse, kerbige Gesicht des Alten hin. Der wischt sich mit dem Handrücken die Lippen.
„Das ist doch so“, sagt er, „die sind Muslime, und die essen kein Schweinefleisch. Verboten“, sagt er. „Verstehst du?“
Johannes nickt. Er versteht, ist bestürzt, schämt sich. Gleichzeitig aber ist er froh. Abdul hat nichts Böses getan, hat nicht diesen winzigen Beginn einer möglichen Freundschaft verraten.
Er hat die Wurst doch nicht essen dürfen. Er hat sie hinter den Bau gelegt, weil sie da vielleicht ein Hund finden würde. Er hat es Johannes ja nicht sagen können. Er hat die Wörter nicht gewußt. Immer wieder war es diese Unfähigkeit, mit Wörtern zu hantieren, die die Dinge in die falsche Richtung steuerte.
Johannes sucht Abdul.
„Ich weiß es nicht“, sagt der Henner Paul. „Schau mal lieber nach“, sagt er, „der Wasserschlauch ist undicht.“
„Sofort“, sagt Johannes und läuft rum und sucht.
Dann findet er Abdul. Im Keller. Johannes bleibt in einigem Abstand stehen, wagt kaum zu atmen. Das ist ihm klar, daß Abdul betet. Er hat sich auf den rauhen Boden hingeworfen, nicht nur auf die Knie, nein, auch die Arme und die Stirn sind auf den Zement gedrückt.
So kennt Johannes das Beten nicht. Sie sind katholisch, da ist das anders. Er schaut Abdul an, der ihn nicht bemerkt. Da liegt er im Keller eines fremden Hauses in einem fremden Land und betet zu seinem Gott.
Wie konnte ich mich in ihm sehen? denkt Johannes. In ihm, der so anders ist, und der sogar einen anderen Gott hat?
Dann aber fällt ihm ein, daß es nur einen Gott gibt. Einen Gott für alle. Für Abdul und für ihn.
Auf Zehenspitzen verläßt er den Keller.
„Wo ist der Türke?“ ruft der Henner Paul.
„Kommt gleich“, sagt Johannes.
Dann macht er sich daran, den Wasserschlauch zu reparieren.

Aus: Vorlesebuch Fremde Religionen, S. 342–345 (© G. Ruck-Pauquèt, Bad Tölz)

4. Stunde: Wir leben mit Vorurteilen und Feindbildern

A Methodisch-didaktische Vorbemerkungen

Ging es in der vergangenen Stunde darum, Vorurteile und Feindbilder in bezug auf den Islam und die Muslime wahrzunehmen bzw. zu entdecken, so geht es nun darum, Vorurteile und Feindbilder an sich zu thematisieren. Hier wird nun versucht, sich dem schwierigen, aber gewiß lohnenden Unterrichtsgegenstand spielend zu nähern. Es macht den Schülern Spaß, solche vorgefaßten, gestanzten Meinungen über andere zusammenzutragen. Ganz anders stellt sich die Materie jedoch in dem Augenblick dar, in dem Vorurteile einen selbst betreffen. Deshalb sollte der Lehrer in jedem Fall einige Vorurteile parat haben, die die Schüler z.B. als Deutsche oder in ihrer Geschlechtszugehörigkeit betreffen, und an geeigneter Stelle nennen. Spätestens dieser Schritt wird ein Nachdenken über Vorurteile möglich machen. Die Befragung vertieft das Nachdenken, wird aber im Ergebnis für die Schüler entlastend sein: „Niemand ist frei von Vorurteilen“. Die „Ferienlagerplanung“ fordert die Schüler noch einmal persönlich heraus, Stellung zu beziehen, evtl. auch nur, das Maß der eigenen Offenheit festzustellen.

Für den Kollegen, der noch weiter vertiefen möchte, sind in der Stundenverlaufsbeschreibung zwei Zusammenstellungen abgedruckt. Noch einmal sei betont, wie viel an einer solidarischen Grundhaltung des Lehrers gelegen ist.

B Ziel der Stunde

In dieser Stunde sollen die Schüler lernen,

- was Vorurteile sind, was ihre Ursachen, Kennzeichen und Folgen sind;
- wie wir alle, Lehrer und Schüler, mit Vorurteilen leben;
- welche Kennzeichen von der Wissenschaft den Feindbildern zugeschrieben werden;
- am Beispiel einer Ferienplanung wahrzunehmen, wie groß das Maß ihrer persönlichen Offenheit und die der Lerngruppe für Fremde ist.

Mit dem Text der Hausaufgabe „Ein schlechtes Image und seine Folgen“ (Mat. 12) von Josef van Ess wird der Unterrichtsverlauf wieder zum Thema Islam zurückgeführt.

C Stundenverlauf

In **Phase 1** werden die Schüler aufgefordert, Vorurteile zu artikulieren. Dieser Arbeitsgang darf durchaus Spaß machen; wobei der Lehrer diesen Spaß hinterfragen sollte: Warum erleben wir es lustvoll, andere mit negativen Stereotypen herabzusetzen? Was spielt sich dabei in uns ab? Die Phase 1 sollte nicht abgeschlossen werden, ohne daß Vorurteile genannt worden sind, die die Schüler oder auch den Lehrer betreffen. Wie erleben wir es, wenn wir von Vorurteilen betroffen sind?

Die **Phasen 2 und 3** belehren auf spielerische Weise darüber, wie Vorurteile in der Soziologie und Psychologie gesehen werden. Diese beiden Zusammenstellungen können dem Kollegen helfen, sich in aller Kürze weiter zu informieren:

Was sind eigentlich Vorurteile?

Definitionen aus dem Bereich der Sozialpsychologie

Empirische Forschung und Theoriebildung zur Vorurteilsproblematik haben eine lange Tradition in der Sozialpsychologie. Trotzdem konnte bisher keine Einigkeit über die definitorische Bestimmung des Vorurteils hergestellt werden. Es finden sich vielmehr recht unterschiedliche Auffassungen darüber, was als Vorurteil zu bezeichnen sei.

a) „Beim Vorurteil handelt es sich um in der Persönlichkeitsstruktur verankerte ‚Einstellungen', die einerseits die Wahrnehmung und die Interpretation der Umwelt bestimmen, andererseits das Verhalten der Menschen steuern. Es handelt sich also um mehr als bloße ‚Meinung'" (Ostermann/Nicklas 1981, S. 2).

b) „Ein ethnisches Vorurteil ist eine Antipathie, die sich auf eine fehlerhafte und starre Verallgemeinerung gründet. Sie kann ausgedrückt oder auch nur gefühlt werden. Sie kann sich gegen eine Gruppe als Ganzes richten oder gegen ein Individuum, weil es Mitglied einer solchen Gruppe ist" (Allport 1971, S. 23).

c) „Vorurteile lassen sich als soziale Kategorisierungsprozesse kennzeichnen" (Schäfer und Six 1978, S. 50). Durch eine solche „soziale Kategorisierung" bringen wir Struktur und Ordnung in unsere soziale Umwelt. Wir kommen durch eine solche Kategorisierung besser in einer komplizierten und unübersichtlichen Welt zurecht.

d) Vorurteile sind Einstellungen, die einen Menschen in die Lage versetzen, von einer Gruppe oder ihren einzelnen Mitgliedern in günstiger oder ungünstiger Weise zu denken. (nach: Secord und Backman 1980, S. 203)

e) Die Übereinstimmung der Mitglieder einer Gruppe in ihren Einstellungen und Vorurteilen hat den Vorteil, daß gruppeninterne Konflikte und Spannungen seltener auftreten, was es der Gruppe als Ganzes ermöglicht, ihre Ziele und Interessen geschlossen zu verfolgen (Anpassungsfunktion). (nach: Barres 1974, S. 109)

Eigenschaften von Vorurteilen

- Vorurteile können positive oder negative Bewertungen enthalten;
- der Wahrheitsgehalt eines Vorurteils läßt sich im Einzelfall oft nicht zweifelsfrei feststellen;
- Vorurteile sind resistent gegenüber Änderungen;
- Vorurteile haben eine soziale Orientierungs- und Strukturierungsfunktion;
- Vorurteile haben einen emotionalen, einen kognitiven und einen Verhaltensapsekt;
- es lassen sich individuelle und kollektive Vorurteile unterscheiden;
- Vorurteile sind in kulturellen Normen verankert;
- Vorurteile sind Urteile, die früher allgemein anerkannt wurden, heute jedoch von gesamtgesellschaftlichen Normen abweichen;
- Vorurteile enthalten meist extreme Wertungen.

(Schlöder 1989)

Aus: Politik und Unterricht, Nr. 3/90, LpB Baden-Württemberg, S.4

Wie unlogisch unsere Vorurteile häufig sind, mag die Beobachtung illustrieren, daß wir je nach Stimmung oder Gesprächsinhalt die Muslime und die Orientalen in ihrer Gesamtheit mal als kriegerisch-aggressiv beschreiben, mal als fatalistisch-passiv. Auch der Hinweis auf die krassen sozialen Unterschiede in islamischen Ländern sind kein Urteil über den Islam, sondern über die islamischen Herrscher bzw. die politische Klasse, die über Jahrhunderte die Ideale des Islam verraten hat.
Das Arbeitsblatt 2 („Eine Befragung zum Thema Vorurteile") soll jeder Schüler erhalten und daran still arbeiten. Eine andere sinnvolle Arbeitsmethode kann die Bearbeitung des Blattes in Kleingruppen sein.
Das Material 11 („Sieben typische Merkmale des Feindbildes") will die Arbeit in der Klasse auf ein vertretbares theoretisches Niveau heben, ohne die Konkretionen aus dem Auge zu verlieren.

Phase 4 verlangt von den Schülern eine ehrliche Beantwortung der Fragen (Arbeitsblatt 3). Ohne diese Voraussetzung ist die Übung sinnlos.
Gleichzeitig müssen die Schüler vor Beginn der Übung wissen, was ihr Lehrer mit ihren Antworten vorhat. In der nächsten Stunde wird mitgeteilt, zu welchen Ergebnissen die Befragung geführt hat. Damit wird das Maß der Offenheit Fremden gegenüber offenbar. Vermutlich muß der Lehrer helfen, positive Aspekte einer Begegnung mit Fremden zu benennen. Es ist damit zu rechnen, daß Schüler ihre guten und ihre schlechten Erfahrungen aussprechen möchten.
Auf die **Hausaufgabe** (Mat. 12) sollte nicht verzichtet werden.

5. Stunde: Mohammed und der Islam

A Methodisch-didaktische Vorbemerkungen

Im Blick auf diese Stunde darf man bei den Schülern mit besonderem Interesse rechnen. Sie ahnen, daß in der Person Mohammeds viele entscheidende Prägungen des Islam vorweggenommen sind. Sie sind an Fakten interessiert, an Zahlen, Orten, Umständen. Und der Lehrer ist dabei in Gefahr, den Unterrichtsstoff auf ein dürres Zahlen- und Faktengerüst zu reduzieren. Dem wird entgegengearbeitet durch den Einstieg mit dem Bild eines lesenden Muslim. Der Auftakt geschieht also auf der affektiven und nicht auf der kognitiven Ebene. Dennoch soll dem Wunsch nach Realien in dieser Stunde Genüge getan werden bis hin zu ein paar Brocken Arabisch. In gar keinem Fall soll sich der Lehrer mit diesen Realien zufriedengeben. Der Unterrichtsgegenstand erfordert die Mitteilung der Selbsteinschätzung Mohammeds (Sure 41/6), der eine Fremdeinschätzung durch Christen (hier der kleine Text von Josef van Ess; Mat. 15) korrespondieren soll. Würde man darauf verzichten, würden die Schüler automatisch Mohammed mit Jesus gleichsetzen – etwa hinsichtlich des Würdetitels „Sohn Gottes" – und ihn unterschwellig als anmaßenden Konkurrenten empfinden. Die unterschiedliche Schreibweise z.B. des Stammesnamens „Koraischiten" oder des Prophetennamens „Mohammed" resultiert aus der Schwierigkeit, die arabische Schrift in der lateinischen wiederzugeben, und sollte nicht zu Irritationen führen. Die Schreibweise der jeweiligen Quelle wurde beibehalten.

B Ziele der Stunde

Die Schüler sollen
- in dieser Stunde Mohammed und den Grundgedanken seiner Prophetie begegnen;
- sein Leben kennenlernen, seine sympathisch bescheidene Selbsteinschätzung und die Hochschätzung, die er bei Christen, z.B. auch in der katholischen Kirche, zunehmend gewinnt;
- bewahrt werden, Mohammed vorschnell zu verurteilen, ihn als einen machtbesessenen Egoisten oder religiösen Spinner abzutun.

C Stundenverlauf

Die **Phase 1** braucht Zeit und Ruhe. Die Schüler müssen Zeit haben, sich in das Bild (Mat. 13) einzusehen, die Stimmung nachzuempfinden, die Ruhe, das Nachdenken, die Würde des alten Mannes, der religiösen Gedanken lauscht.
Mohammed war etwa vierzig Jahre alt, als er seine erste Vision erlebte, angesichts der damaligen Lebenserwartung ein alter Mann. Er war älter als Jesus. Die zunehmende Würdigung Mohammeds als eines tief frommen Menschen auch durch Christen berechtigt zu diesem Einstieg. In dieser Unterrichtseinheit geht es nicht um billige Apologetik, sondern um den Versuch, einer uns Christen verwandten Weltreligion die notwendige Gerechtigkeit widerfahren zu lassen.

In **Phase 2** werden aufbauend auf dem Vorwissen der Schüler aus dem Geschichtsunterricht die üblichen Fakten zusammengetragen. Der Lehrer wird dies oder jenes ergänzen müssen. Vielleicht sind ihm aber auch die auf dem Stundenblatt verzeichneten Einzelheiten zu spärlich, und er möchte z.B. auf den Sieg bei der wichtigen Schlacht von Badr 624 hinweisen, in dem Mohammed und seine Anhänger ihre Legitimation durch Gott erlebten. Diese Grunderfahrung ist mit Recht immer wieder in Parallele zu Golgatha gesehen worden, dem augenscheinlichen „Scheitern" Jesu. Beide Erfahrungen wurden prägend für die jeweilige Glaubensgemeinschaft. Oder es ist dem Lehrer die karge Jugend Mohammeds als Waise und Hirte in der Wüste wichtig. Die einschlägigen Lexika bieten eine reiche Fülle.
Mit der Selbsteinschätzung Mohammeds (Sure 41/6) ist automatisch der Vergleich mit Jesus angesprochen. Nicht zum letztenmal werden Lehrer und Schüler in der Beschäftigung mit dem Islam erleben, daß sie herausgefordert sind, Antwort zu geben auf innerchristliche Fragestellungen, in diesem Fall: Was sagt die Kirche zu Jesus? Wer ist Jesus für uns?

In **Phase 3** wird versucht, einen Einblick in die Lehren Mohammeds und des Islam authentisch und doch so kurz zu geben, daß das Pensum in einer Schulstunde untergebracht werden kann. Die Abschiedspredigt Mohammeds (Mat. 14) ist mit der Bergpredigt Jesu verglichen worden und nimmt im Islam eine vergleichbare Stellung ein. Es ist gut, wenn die Schüler die Kernsätze unterstreichen können. Auch hier gilt, daß der Beurteilungsmaßstab zunächst aus der damaligen Zeit genommen werden muß. Aber selbst wenn mit unsachgemäßen Maßstäben an diese Predigt herangegangen wird, bleibt für jeden überraschend, welcher Grad an Menschlichkeit aus diesen Sätzen spricht. Dessenungeachtet sind die Schüler hier wie auch bei biblischen Texten zur kritischen Auseinandersetzung aufgefordert.

Mit **Phase 4** werden, wie schon besonders in Phase 2, Realien eingebracht. Ein Hinweis auf das geplante Kreuzworträtsel in der 9. Stunde wird jüngere Schüler zusätzlich motivieren. Der Lehrer muß entscheiden, ob ihm die mageren Angaben im Stundenverlauf für seine Lerngruppe genügen können. Allerdings besteht gerade in einer Stunde, die Tatsachen vermitteln will, die Gefahr, das Interesse der Schüler durch Einzelheiten zu ersticken. Deshalb möge man präzise unterscheiden zwischen dem, was die Vorstellung der Schüler fördert, und jenem anderen, was gewußt werden soll.

Die **Hausaufgabe** will die Schüler überraschen: So positiv kann ein zeitgenössischer Theologieprofessor Mohammed bewerten.

6./7. Stunde: Der Koran und andere Überlieferungen

A Methodisch-didaktische Vorbemerkungen

In dieser Doppelstunde wird von den Schülern einiges gefordert. Es kann durchaus geraten sein, dies den Schülern mitzuteilen und sie so auf die bevorstehende Arbeit vorzubereiten. Andererseits verheißen diese Stunden auch einen großen Erkenntnisfortschritt. Es geht darum, den Koran und die übrigen Überlieferungen im Islam im Grundsatz kennenzulernen, etwas von ihrem Geist und Inhalt zu spüren und beides mit ausgewählten biblischen Texten zu vergleichen. Das Maß dessen, was der Lehrer seiner jeweiligen Lerngruppe zumuten kann, wird von vielen Faktoren abhängen, die nur er selbst einschätzen kann. Wird der eine markant kürzen und straffen müssen, so wird der andere noch diesen oder jenen zusätzlichen Gedanken einbringen wollen und können. Die Stunde ist so konzipiert, und die Stundenverlaufsbeschreibung ist so angelegt, daß beides möglich wird.
In jedem Fall aber sei der Kollege ermutigt, nicht zu rasch arbeitsunwilligen Gruppen nachzugeben. Schule ist in erster Linie durch Lernen und Arbeiten definiert.

B Ziele der Stunde

In dieser Stunde sollen die Schüler
- das Wichtigste über die Entstehung, den Aufbau und die Wertschätzung des Korans lernen;
- Hadith, Sunna und Scharija kennenlernen und das Verhältnis dieser Komplexe zueinander und zum Koran beschreiben können;
- etwas vom Geist des Korans und des Hadith spüren;
- Vergleiche erarbeiten zu ähnlichen biblischen Texten und Grundgedanken
- und so Textarbeit einüben.

C Stundenverlauf

In **Phase 1** wird mit der Himmelsleiterikone (Mat. 16) auf ein uraltes religiöses Symbol verwiesen: Der Weg. Es ist angebracht, angesichts des Abstands unserer Schüler zu Symbolen und zur Symbolsprache einige Zeit dabei zu verweilen und sich zu mühen, dieses Symbol erfahrbar zu machen. Man kann sogar dieses Bild zur Grundlage einer Meditation machen. Die Ruhe und Nachdenklichkeit, die sich dann einstellen, erleichtert die Arbeit an Sure 1 und Psalm 1.
Erst wenn das Wegsymbol wenigstens verstanden ist, soll Sure 1 (Mat. 17) vorgelegt werden. Ausgehend vom Bild des Wegs

können jetzt nicht nur verschiedene Lebenswege in den Blick genommen werden, sondern auch grundlegende Aussagen über Gott im Islam, wobei die zentrale Aussage diese ist: Gott ist gnädig. Fünfmal wird die Gnade Gottes in Sure 1 ausgedrückt.
Auch in Psalm 1, der immer wieder zum Vergleich mit Sure 1 herangezogen wird, spielt die Wegsymbolik eine wichtige Rolle. Entscheidend beim Vergleich beider Texte im Unterricht ist jedoch nicht die Beobachtung, daß in Psalm 1 die Gnade Gottes durch Leistung erworben wird, sondern die große Nähe beider Texte. Einige Forscher wollen sogar einen ursächlichen Zusammenhang sehen.

Phase 2 besteht aus einem Lehrerreferat zum Koran. Hier seien noch einige ergänzende Informationen notiert:

- Mohammed hat als etwa 40jähriger Mann seine ersten Auditionen und Visionen bei einem seiner Wüstenaufenthalte erlebt. Sure 97 ist ein Reflex auf sein erstes Erlebnis dieser Art. Seine Visionen während seiner Zeit in Mekka waren ekstatische, prophetische Erfahrungen mit häufig mahnendem und warnenden Inhalt. Heute stehen sie am Ende des Korans und sind an ihrer Kürze kenntlich. Als es eine Zeit ohne Visionen und Auditionen gab, hat Mohammed dies als schwere Belastung und Infragestellung seines Prophetenauftrags erlebt. Während seiner Zeit in Medina verlieren seine Mitteilungen den ekstatischen Charakter, werden länger und haben alle möglichen Anlässe zum Inhalt, die in einer Gesellschaft auftreten und eine Ordnung oder Weisung verlangen. Diese Offenbarungen stehen am Anfang des Korans. Sure 1 bildet eine Ausnahme. Sie wird nicht zu den Offenbarungen von Medina gerechnet.
- Die Sprache des Korans ist rhythmisch und muß von großer künstlerischer Ausdruckskraft sein. Sie wird von Kennern durchweg als Dichtung anerkannt. Für gläubige Muslime ist sie ein Beweis für den göttlichen Ursprung des Korans.
- Der Hadith erzählt davon, daß schon zu Lebzeiten Mohammeds seine Worte aufgeschrieben und auf diese Weise sicher überliefert worden sind. Wenn dies auch im Blick auf den Koran als Ganzes legendenhafte Ausschmückung sein mag, so gehen doch viele Suren – vor allem die aus der mekkanischen Periode – mit großer Wahrscheinlichkeit auf Mohammed zurück.
- Die Überlieferungslage stellt sich also beim Koran ganz anders dar als bei der Bibel: Hier eine Schrift aus gleichsam einer Hand, in wenigen Jahren entstanden, deren Inhalt aus Predigten besteht, dort ein Buch, das in seiner heutigen Gestalt eine Sammlung von 66 Schriften darstellt, entstanden in circa 1 300 Jahren, bestehend aus den verschiedensten literarischen Gattungen und mit ganz unterschiedlichen Inhalten.
- Im Koran sind – mit Ausnahme von Sure 1 – die Suren der Länge nach geordnet. Die längste Sure erscheint als Sure 2, die kürzesten als Suren 103 bis 114. Das Prinzip ist nicht in jedem Fall durchgehalten.
- Schwierig ist die Einschätzung des Korans zu beschreiben. Für die meisten Muslime wird gelten: Der Koran ist die wortwörtliche Offenbarung Gottes. An ihr ist nicht zu deuten. Er gibt Weisung. Er ist die Wahrheit schlechthin. Der Koran darf angewandt, auf besondere Situationen hin ausgelegt, aber niemals etwa im Sinn der historisch-kritischen Methode exegisiert werden. Gleichzeitig muß gesagt werden, daß es im Islam auch immer Exegeten gegeben hat, die

sich ihre kritische Vernunft nicht durch Dogmatismus und Intoleranz verbieten ließen; so etwa in Spanien im 9. bis 13. oder im Indien der Mogule im 16. und 17. Jahrhundert. Es waren Vertreter der islamischen Mystik, des Sufismus, die mit dem Grundsatz, „Die Selbstoffenbarung Gottes könne unmöglich im Gegensatz zu den Wissenschaften stehen", die Freiheit und Voraussetzungslosigkeit der Wissenschaft reklamierten. Besonders die „Freunde der Weisheit", auch „Die lauteren Brüder" genannt, (um 1100 in Basra) taten sich damit hervor.

- Hier macht sich erneut bemerkbar, daß in Europa seit der Aufklärung die Wissenschaft mit dem Primat des Zweifels und der rationalen Kritik verbunden ist. Traditionelles islamisches Denken dagegen postuliert bis heute die Möglichkeit wissenschaftlicher Erkenntnis allein im Rahmen des Glaubens an Offenbarung und Heilsgeschehen. Noch ist in vielfältiger Weise spürbar, daß der Islam insgesamt eine voraufklärerische Religion ist.
- Ganz ähnlich verhält es sich mit den Menschenrechten, die als „Kairoer Erklärung der Menschenrechte im Islam" am 5. August 1990 publiziert wurden. Auch sie konnten nur innerhalb des islamischen Glaubens formuliert werden.

In **Phase 3** wird die Linie hin zum Hadith, zu Sunna und Scharija gezogen. Auch dazu einige wenige zusätzliche Informationen: Der Hadith ist eine umfangreiche Sammlung von Berichten und Erzählungen verschiedener Gewährsleute, zum Teil Gefährten Mohammeds, die sich auf das Leben und Denken Mohammeds beziehen. Der Hadith ist die Grundlage der Sunna: So hat Mohammed gelebt und gehandelt; so sollst auch du, frommer Muslim, leben und handeln! Sie, die Sunna, umfaßt die gesamte Lebensgestaltung der Muslime, während die – nicht codifizierte! – Scharija sich vorrangig mit der Rechtsprechung befaßt.

Im Gegensatz zum Koran, der schwierig zu lesen und schwer verständlich ist, sind viele Traditionen des Hadith kurze Erzählungen mit nicht selten anekdotischem Charakter, aber auch von großer religiöser Tiefe. Eine der schönsten:

> *„Als Gott die Schöpfung schuf, schrieb er in einem Buch, das er über dem Thron aufbewahrt, folgendes: Meine Barmherzigkeit hat über meinen Zorn gesiegt."*

In der Koranausgabe von A. Th. Khoury (vgl. die kommentierte Bibliographie) ist hinten eine Auswahl aus dem Hadith abgedruckt.

Zum Schluß, in **Phase 4**, werden Vergleiche zwischen Koran und Bibel vorgeschlagen. Wie schon ausgeführt, kann an dieser Stelle der Lehrer sehr leicht seine Schüler überfordern. Ob er ausführliche Textvergleiche durchführen möchte, ob er sich auf einen beschränken oder gar nur den einen oder anderen Korantext lesen lassen und verbal auf die Parallele in der Bibel hinweisen will, sei ihm überlassen.

Dies sind die geläufigsten Gegenüberstellungen:

Sure 1 (Mat. 17)
    Psalm 1
Sure 57/1–6 (Mat. 18)
    Matthäus 6/9–13 (Vaterunser)
Sure 6/151–153 (Mat. 19)
    oder Sure 17/22–39 (Mat. 20)
Exodus 20 (Die Zehn Gebote)

Eine umfangreiche Zusammenstellung hat vorgelegt:
Johann-Dietrich Thyen, „Bibel und Koran".

Eine Synopse gemeinsamer Überlieferungen:
Böhlau Verlag Köln Wien 1989.

Zum Schluß sei noch Sure 2/177 zitiert, um zu zeigen, daß der Islam sich nicht in einer ritualisierten Buchstabenfrömmigkeit erschöpft, wie ihm häufig vorgeworfen wird:

> Frömmigkeit besteht nicht darin, daß ihr euer Gesicht nach Osten oder Westen wendet. Frömmigkeit besteht darin, daß man an Gott, den Jüngsten Tag, die Engel, das Buch und die Propheten glaubt, daß man, aus Liebe zu Ihm, den Verwandten, den Waisen, den Bedürftigen, dem Reisenden und den Bettlern Geld zukommen läßt und es für den Loskauf der Sklaven und Gefangenen ausgibt, und daß man das Gebet verrichtet und die Abgabe entrichtet (Fromm sind auch) die, die ihre eingegangenen Verpflichtungen erfüllen, und die, die in Not und Drangsal und zur Zeit der Gefahr geduldig sind. Sie sind es, die wahrhaftig sind, und sie sind die Gottesfürchtigen.

8. Stunde: Gott oder Allah?

A Methodisch-didaktische Vorbemerkungen

Mit der Gottesvorstellung befinden wir uns im Zentrum der theologischen Reflexion. Der Lehrer muß leider damit rechnen, daß vor dem Hintergrund fundamentalistischen Denkens Schüler das Wort „Allah“ als Bezeichnung für einen heidnischen Götzen interpretieren. Er sollte behutsam die objektiven Sachverhalte für sich sprechen lassen und einer direkten Konfrontation ausweichen. Diese würde nur verhärten und den Lernfortschritt stark behindern. Ebenso falsch wäre es, Allah, wie er im Islam gedacht ist, schlicht mit dem Gott der Bibel zu identifizieren. So groß die Nähe von biblischem und koranischem Gottesbild auch sein mag, so deutlich gibt es charakteristische Unterschiede. Beides soll unterrichtet werden.

B Ziel der Stunde

In dieser Stunde sollen die Schüler
- die überraschend große Nähe der Gottesvorstellung von Judentum, Christentum und Islam erleben;
- das Wort „Allah“ in seinem zwiespältigen Charakter als Eigenname und Begriff erkennen;
- die wesentlichsten Züge des islamischen Gottesbildes lernen;
- begreifen, daß mit der begrifflichen Differenzierung noch keine Aussage im Sinne von wahr unwahr gemacht ist, und so auf ihre eigene Gotteserfahrung aufmerksam werden.

C Stundenverlauf

In **Phase 1** werden den Schülern drei Gebete (Mat. 21) vorgelegt, die aus Judentum, Christentum und Islam stammen. Sie sollen versuchen, die Gebete richtig zuzuordnen. Dem Kenner erschließt sich die Zuordnung aus den Inhalten:
- Gebet A muß ein christliches Gebet sein, weil Gott als Vater angesprochen wird.
- Gebet B muß ein islamisches Gebet sein, weil die typische, auf den Monotheismus zielende Formel erscheint: „Es gibt keinen Gott außer dir.“

– Gebet C muß ein jüdisches Gebet sein, weil statt von Gott vom „Namen“ oder „Namen des Heiligen“ gesprochen wird, um die Hoheit und Heiligkeit des göttlichen Namens nicht zu verletzen.

Vermutlich könnte die Mehrheit der Schüler problemlos jedes der drei Gebete mitbeten.

Die große Affinität des islamischen Gottesbegriffs zu dem der anderen beiden monotheistischen Religionen wird in **Phase 2** weiter entfaltet: Alle arabisch sprechenden Christen nennen den biblischen Gott „Allah“. Dies sollen die Schüler mit Hilfe von Mk. 1/1–4 aus der Hausa-Bibel (Mat. 22) exemplarisch entdecken. Die Hausa oder Haussa sind ein Negermischvolk im mittleren Sudan. Während hier das Wort „Allah“ Begriff ist und „Gott“ bedeutet, ist „Allah“ im Islam durch den Kontext des Koran und die islamische Tradition derart geprägt, daß von einem Eigennamen gesprochen werden muß. Das Wort „Allah“ ist also je nach Umfeld einmal als Begriff und das andere Mal als Eigennamen zu begreifen. Die semitische Wurzel verbindet das Wort „Allah“ mit den hebräischen Gottesbezeichnungen „El“, „Elohim“ und „Eloah“, was im Alten Testament auch mit „Kraft“, „Macht“ bzw. den entsprechenden Pluralen übersetzt werden kann.

In der **Phase 3** wird auf Sure 1 zurückgegriffen, die schon in den Stunden 6 und 7 Unterrichtsgegenstand war. Jetzt geht es nicht mehr um das Symbol des Wegs, sondern um die Eigenschaften Allahs. Das Gottesbild des Korans soll andeutungsweise skizziert werden: Mit der Betonung der Barmherzigkeit Gottes ist erneut eine für viele Schüler verblüffende Nähe zum Gottesbild Jesu gegeben.

Die **Hausaufgabe** (Mat. 23) ist von großer Wichtigkeit, und der Lehrer sollte sich überlegen, ob er nicht – wenn irgend möglich – diesen Arbeitsschritt in die Stunde selbst einbaut. Sollte er sich entschließen, es bei der Hausaufgabe zu belassen, sollte er der Besprechung in der nächsten Stunde ausreichend Raum geben: Die Schüler werden zunächst mit den neunundneunzig schönsten Namen Gottes durchaus einverstanden sein. Die Problematik erschließt sich ihnen dann, wenn sie gefragt werden, welche Gottesbezeichnung ihnen denn fehle. Oder noch deutlicher: „Seid ihr damit einverstanden, daß hier die Anrede „Vater“ für Gott nicht erscheint?“ Für Christen stellt die Gottesanrede „Vater“ eine zentrale Aussage dar. Man denke nur an den Beginn des Vaterunsers oder an das Gleichnis vom verlorenen Sohn. Kein Muslim ist bereit, Gott als Vater anzureden oder gar mit „Abba“ (Pappa, Vati), wie es Jesus tat. Das verletzt nach muslimischem Verständnis die Größe und Würde Gottes. Für den Muslim ist Gott zwar barmherzig und gnädig, aber wesentlich ferner, hoheitlicher, auch unnahbarer als im Christentum. Dieser Unterschied muß im Anschluß an die Besprechung der Hausaufgabe in den Heften notiert werden. Das Gespräch kann noch einmal zugespitzt werden, wenn der Lehrer fragt, welches Gottesbild denn nun unserer menschlichen Erfahrung am ehesten entspricht, das des liebenden Vaters oder das des eher fernen Weltenlenkers. Wer vom Leid in der Welt her denkt bzw. denken muß, wird plötzlich in sich eine Beziehung zum islamischen Gottesbild entdecken.
Muslime werfen Christen immer wieder vor, sie würden an drei Götter glauben und belegen das mit der Trinitätslehre. Der Text mit den 99 heiligen Namen Gottes ermöglicht eine vorläufige Antwort: Auch ihr seht Allah doch unter verschiedenen Aspekten, in diesem Fall sogar un-

ter 99 verschiedenen Aspekten. Warum sollten wir nicht bekennen, daß wir Gott vor allem in der Schöpfung, in Jesus und im Tun der Liebe erfahren?
Bei der Erarbeitung dieser Unterschiede darf es nicht darum gehen, die eigene Gottesvorstellung als die bessere herauszustellen. Die Intention muß vielmehr die sein: Wir Christen verehren den einen Gott auf diese Weise und in diesen Bildern und Vorstellungen; Muslime verehren denselben einen Gott mit ihren Bildern und Vorstellungen.
Noch eine Randbemerkung: Falls Schüler danach fragen, warum es in dem berühmten Text gerade 99 und nicht 100 Namen Allahs sind, kann der Lehrer mit einer arabischen Anekdote antworten: Den hundersten Namen Allahs hat Allah nicht dem Menschen, sondern dem Kamel offenbart. Deshalb blickt jedes Kamel hochmütig auf die Menschen herab und erwartet zu Recht vom Menschen, daß er es und alle Tiere ehrt.

9. Stunde: Jesus im Islam

A Methodisch-didaktische Vorbemerkungen

Die Schwierigkeit dieser Stunde besteht darin, das Jesusbild im Islam zu vermitteln ohne den Schülern durch extensive Textarbeit die Freude am Thema zu nehmen. Um dieser Schwierigkeit zu entgehen, wird hier versucht, über die Beschäftigung mit einem Fragebogen kompakt Wissen zu vermitteln. Der Fragebogen „Stimmt's?" (Arbeitsblatt 4) in Gruppenarbeit gegeben, führt automatisch zum Gespräch der Schüler untereinander. Die Motivation wird gesteigert. Am Ende möchte jeder wissen, wer denn nun recht behalten hat.
Für den Kollegen, der darüberhinaus am Koran arbeiten möchte, seien die wichtigsten Stellen angegeben:

Sure 3/45–55
Jesu Identität und Wirken
Sure 4/157–159
Jesu Kreuzigung und Tod
Sure 4/171
Jesus – Gesandter Gottes und sein Wort
Sure 5/116–117
zu Jesu Gottessohnschaft und Trinität
Sure 19/16–36
Jesu Geburt

Informationen zum Jesusbild des Korans finden sich auch in der Stundenverlaufsbeschreibung.

B Ziele der Stunde

In dieser Stunde sollen die Schüler lernen,
- was zu Jesus im Koran gesagt wird;
- mit welcher Hochachtung Mohammed von Jesus gesprochen und gedacht hat;
- wo die Unterschiede zum biblisch-christlichen Jesusbild liegen;
- was Christen unter Trinität und Gottessohnschaft Jesu verstehen.

C Stundenverlauf

Die Stunde beginnt mit dem wichtigen Gespräch über die Hausaufgabe, in dem das Gottesbild des Islam im Vergleich zum Christentum mit seinen Übereinstimmungen und seinen Unterschieden („Vater") thematisiert und die eigenen Gottesvorstellungen bzw. Gotteserfahrungen angesprochen werden. Es kann geboten sein, Kernsätze als Ergebnisse für die Hefte zu formulieren.

Phase 1 bringt mit dem Fragebogen „Stimmt's?“ (Arbeitsblatt 4) eine gewisse Entspannung, ist dessenungeachtet aber mit seinen Ergebnissen wichtig: So hoch wurde Jesus von Mohammed geschätzt, und so sehr würdigt der Islam Jesus!

Mit **Phase 2** schließt sich das Klassengespräch an, das durch den Fragebogen und die für die meisten Schüler erstaunlichen Ergebnisse initiiert wurde. Das Klassengespräch geht bruchlos über in das Lehrerreferat, das weitere Informationen zu Jesus im Islam zum Inhalt hat. Die auf dem Stundenblatt verzeichneten Einzelheiten können noch durch weitere ergänzt werden:

- Jesus wurde nach Sure 4/157–158 nicht gekreuzigt, sondern zu Gott erhoben. Dahinter steht die Vorstellung, daß Gott seinen Gesandten nicht im Stich läßt.
- Jesu Messianität wird im Koran achtmal bezeugt und einmal bestritten (Sure 5/17). Dabei ist zu bedenken, daß Messianität hier nicht im jüdischen Sinn verstanden ist, sondern wohl eher (die Auslegung ist umstritten) als „Wegleiter“.
- Jesus wird als Wort und Geist Gottes bezeichnet (Sure 4/171).
- Jesus ist nicht nur Prophet im Sinn von Nabi, also als Mahner und Warner gedacht, wie sie nach Mohammed zu allen Völkern gesandt wurden und werden, sondern auch im Sinn von Rasul: Ein Gesandter Gottes, dessen Botschaft von so großer Bedeutung ist, daß sie als Buch überliefert wurde. So geschätzt sind Abraham, Mose, Jesus und Mohammed.
- Im Islam wird Jesu Wiederkunft erwartet. Am Ende der Zeit wird in einer Periode großer äußerer Not und geistlicher Verderbtheit Jesus als Zeuge für die Wahrheit und zur Verteidigung der Gläubigen wiederkommen.
- Daneben gibt es die Vorstellung vom Mahdi, einem endzeitlichen Richter und Herrscher, der ein 1000jähriges Reich im Namen Gottes aufrichten wird. Diese Vorstellung ist nicht im Koran belegt, sondern eine Ausbildung der islamischen Tradition.
- Während Maria im Koran hoch geschätzt wird (und fälschlicherweise als dritte Person der Trinität erscheint) ist von Joseph nicht die Rede.

Phase 3 bezieht sich auf die Abgrenzung der islamischen Jesusvorstellung von der christlichen. Was zur Trinität im Rahmen eines Unterrichts in der Sekundarstufe I vermittelt werden kann, ist in der 8. Stunde im Rahmen der Hausaufgabe angedeutet. In seiner Ablehnung der Trinitätslehre geht es dem Islam allein darum, die Einzigartigkeit Gottes zu schützen.
Der Gottessohntitel ist ein israelitisches Königsprädikat. Er wurde auf Jesus übertragen, um seine Messianität auszudrücken. Es gehört zur griechischen Tradition, den Gottessohn biologisch zu denken.
Die beiden Korantexte (Mat. 24), die in dieser Phase bearbeitet werden sollen, stehen für zwei fundamentale Überzeugungen des Islam:

1. Es gibt nur einen Gott, deshalb ist der Gedanke der Trinität zu verwerfen.
2. Der Prophet Mohammed ist ein Mensch und darf nicht vergöttert werden.

Das Kreuzworträtsel (Arbeitsblatt 5), das für die **Hausaufgabe** vorgesehen ist, hat als Lösungssatz: *Isa ist ohne Suende*. Dahinter steht die Einschätzung der Koraninterpreten, daß Mohammed in Sure 18/110 mit dem Satz „Ich bin nur ein Mensch wie ihr“ seine Sündhaftigkeit bezeugt, während ähnliches von Jesus im Koran nicht gesagt wird. Die islamische Tradition spricht sogar ausdrücklich von der Sündlosigkeit Jesu.

10. Stunde: Islamische Feste

A Methodisch-didaktische Vorbemerkungen

Eindrücklicher als jede verbale Belehrung ist die Begegnung. Der Lehrer sollte keine Mühe scheuen, wenigstens für 15 bis 20 Minuten z.B. den muslimischen Schüler einer höheren Klasse als Gast zu gewinnen. Wenn ein muslimischer Schülervater oder eine muslimische Schülermutter in die Stunde kommen, wird um des Aufwands und der Gelegenheit willen mehr Zeit eingeräumt werden müssen. Dann wird man die Gelegenheit am Schopf ergreifen und einen ersten Austausch, eine erste Befragung organisieren, die sich nicht mehr auf die Feste beschränken wird.

Wenn in dieser Stunde die Begegnung aus Anlaß des islamischen Festkalenders geschieht, werden die Schüler eine grundsätzliche Erkenntnis gewinnen: Die Volksfrömmigkeit ist nicht identisch mit der Hoch-Theologie. Dies gilt für den Islam wie für das Christentum. Unter Umständen werden die Schüler auch etwas von der kulturellen Entwurzelung unserer türkischen Mitbürger erleben, nämlich dann, wenn sie als die nachwachsende Generation nicht mehr in der Tradition zu Hause ist, nicht die Feste der eigenen Religion kennt und schon gar nicht deren Bedeutung. Die wichtigste Koranstelle zum Ramadan ist Sure 2/183–187.

B Ziele der Stunde

Die Schüler sollen in dieser Stunde lernen,

- daß der Islam und damit auch unsere türkischen Nachbarn einen Festkalender besitzen, der ähnlich dem christlichen wichtige Ereignisse aus der Frühzeit der jeweiligen Religion „wiederholt“;
- welches die wichtigsten Feste sind, was der Fastenmonat ist und was Feste und Fasten bedeuten;
- daß die Volksfrömmigkeit etwas anderes ist als die Theologie;
- wie auch auf diesem Feld Unverständnis und Ungeschicklichkeiten zu Kummer und Verstimmung führen;
- wie vergleichbar die einzelnen Festbräuche beim Großen Beiramfest und beim Weihnachtsfest sind.

Diese Stunde zielt auch darauf ab, Verständnis für unsere türkischen Mitbürger zu gewinnen.

C Stundenverlauf

Phase 1 ist der Befragung eines muslimischen Mitschülers gewidmet, der bereit ist, sich darüber zu äußern, wie in seiner Familie islamische Feste gefeiert werden. Nicht jeder Mitschüler wird dazu bereit sein. Viele versuchen, ihre Zugehörigkeit zum Islam zu verdecken. Andere aber sind stolz und erfreut, wenn sie etwas von ihrer Tradition mitteilen können. Daß der Lehrer für eine faire Umgangsart zu sorgen hat, ist selbstverständlich. Wo dies nicht gewährleistet ist, muß auf die Begegnung verzichtet werden. Wenn das Gespräch wie vorgeschlagen mit einem Mitschüler und nicht mit Gästen von außerhalb der Schule organisiert ist, dürften circa 20 Minuten genügen.

In **Phase 2** werden Texte (Mat. 25 und Mat. 26) eingebracht: Die Lerngruppe soll sich entdeckend damit beschäftigen. Der Lehrer wird die Beobachtungen der Schüler vielleicht steuern und zum Schluß zusammenfassen müssen:

- Muslime zählen die Jahre ab der Auswanderung Mohammeds von Mekka nach Medina im Jahr 622. Da Grundlage ihrer Berechnungen das Mondjahr und nicht das Sonnenjahr ist, darf man nicht einfach 622 von der jeweiligen Jahreszahl abziehen, um zum islamischen Jahr zu gelangen.
- Die Festtage wandern durch die Jahre, auch der Fastenmonat.
- die Feste haben nicht nur die Bedeutung der Erinnerung und „Wiederholung", sondern auch eine ausgeprägte soziale Bedeutung: Man feiert zusammen mit anderen Muslimen.

In **Phase 3** wird eine Erzählung (Mat. 27) vorgelesen, welche die Schüler zunächst auf der emotionalen Ebene aufnehmen. Sie sollen davon betroffen sein, wie die aus Unverständnis geborene Beschimpfung der Nachbarin die Festfreude beeinträchtigt: Hätte man dem vorbeugen können?
Es handelt sich bei diesem Fest um das Große Beiramfest oder Opferfest, dem höchsten Fest im Islam. Im Türkischen heißt es Kurban Beiram oder Kurban Bayrami.
In einem zweiten Schritt wird die Erzählung für einen Vergleich zwischen unserem Weihnachtsfest und dem Beiramfest benutzt. Gemeinsamkeiten und Unterschiede erscheinen an der Tafel und werden in die Hefte übernommen. Daß die Gemeinsamkeiten deutlich überwiegen, muß nicht betont werden.

11. Stunde: Die Wallfahrt nach Mekka

A Methodisch-didaktische Vorbemerkungen

Mit dieser Stunde setzen sich Lehrer und Lerngruppe ein anspruchsvolles Ziel: Es soll nicht in erster Linie darum gehen, die äußeren Bedingungen einer Wallfahrt nach Mekka, einer Hadsch, kennenzulernen, die Pilgerstationen zu unterrichten und möglicherweise die Exotik eines solchen Unternehmens herauszustellen, sondern es soll an einem Punkt versucht werden, die religiöse Dimension erfahrbar zu machen. Vielleicht müßte man zurückhaltender formulieren: erahnen zu lassen. Das Thema Wallfahrt nach Mekka bietet sich an, weil es vielfältige Analogien zum Pilgern und Wallfahren im Christentum gibt und darüberhinaus sogar zum säkularen Wandern. Besonders deutlich wird dies bei Extremtouren, wie sie Reinhold Messner immer wieder plant: Die Mühen des Wanderns werden zu psychischen Erfahrungen. In den Religionen war dies Wissen präsent und wurde bei Pilgerfahrten durch die Kleidung, die Strapazen, symbolische Handlungen, dramatische Wiederholungen des Heilsgeschehens, der entsprechenden existentiellen Situationen verstärkt.
In dieser Stunde soll versucht werden, sich der spirituellen Komponente zurückhaltend und respektvoll zu nähern. Es könnte geschehen, daß der eine oder andere Schüler zu begreifen beginnt, daß in solchen Frömmigkeitsformen ein Schatz verborgen liegt, der mit Selbsterfahrung unzureichend und mit Gotteserfahrung zu vollmundig beschrieben ist.

B Ziele der Stunde

In dieser Stunde sollen die Schüler behutsam dazu geführt werden,
- den Sinn des Wanderns und Pilgerns oder Wallfahrens kognitiv und affektiv wahrzunehmen;
- die Bedeutung der Hadsch, der Wallfahrt nach Mekka, für einen Muslim zu begreifen;
- die einzelnen Stationen der Pilgerfahrt nach Mekka mit ihrer Symbolik und Heilsdramatik erkennen;
- in all dem die Parallelität zur christlichen Wallfahrtstradition zu sehen und vor voreiliger Überheblichkeit gewarnt zu sein.

Zum Schluß lernen die Schüler in der Hausaufgabe die fünf Säulen des Islam kennen. Sie werden dann wissen, daß die Pilgerfahrt nach Mekka eine Frömmigkeitsform neben anderen wichtigen ist, die im Rahmen dieser Unterrichtseinheit nicht vertieft werden können.

C Stundenverlauf

Mit **Phase 1** werden die Schüler mit einem Thema konfrontiert, das sie im höchsten Maß interessiert. Sie lassen sich gerne darauf ein und diskutieren mit Leidenschaft, warum Reinhold Messner, der ihnen als Extrembergsteiger bekannt ist, sich diesen und anderen Strapazen und Risiken aussetzt. Es kann als Einstieg genügen, den Namen Reinhold Messner zu nennen oder als Impuls an die Tafel zu schreiben. Erst wenn der Austausch stockt, Informationen fehlen oder das Gespräch in Richtung auf das Wandern und Pilgern gesteuert werden soll, werden Bild und Text „Reinhold Messner" (Mat. 28) eingebracht. Der Lehrer wird die psychische Komponente der Arktisdurchquerung betonen.

Im übrigen sollte den Schülern mitgeteilt werden, daß Messner diese Arktisdurchquerung abbrechen mußte.
Noch in Phase 1 wird mit dem Bild Jakobus des Älteren und der Muschel als Pilgerzeichen (Mat. 29) auf die mittelalterlichen Pilgerfahrten und ihren Charakter hingewiesen: Auch dabei ging es darum, in äußerster Beschränkung und schwerer körperlicher Anstrengung spirituelle Erfahrungen zu machen. Der Text von Detlef Willand „Der Weg" (Mat. 29) bezeichnet diese spirituelle Erfahrungen näher. Es wird die Kunst des Lehrers sein, im Gespräch seine Schüler dahin zu führen, daß Ausdrücke wie z.B. „Pilgern ist ein Gespräch mit dem Tod" verstehbar werden.
Detlef Willand ist in den 80iger Jahren selbst den Jakobsweg nach Santiago de Compostela gewandert und hat 1986 einen Band mit Texten, Zeichnungen und Holzschnitten von dieser Pilgerfahrt veröffentlicht.

Phase 2 beschäftigt sich mit der Pilgerfahrt nach Mekka. Dazu wird zunächst der Text „Die Wallfahrt nach Mekka" (Mat. 30) zusammen mit den Schülern gelesen und dann versucht, mit Hilfe der Karte „Die Pilgerstätten" (Mat. 30) eine Vorstellung vom Geschehen zu vermitteln. Mit der Spalte „Der Inhalt" sind auf diesem Blatt schon Hinweise auf die Bedeutung der einzelnen Akte gegeben.

Einige ergänzende Informationen:
- Frauen dürfen, müssen aber nicht die Pilgerfahrt nach Mekka machen.
- Zur wirtschaftlichen Voraussetzung gehört nicht nur das finanzielle Vermögen, eine solche Reise zu unternehmen, sondern auch das Freisein von Schulden. Es ist nicht erlaubt, sich unter dem Vorwand der Pilgerfahrt nach Mekka seinen Schuldnern zu entziehen. Auch müssen die Zurückbleibenden,

Frau(en) und Kinder, wirtschaftlich gesichert zurückgelassen werden.

- Eine Pilgerfahrt von Deutschland nach Mekka kostet z.Zt. zwischen DM 4000.- und 6000.-.
- In unseren Jahren ist Saudi-Arabien dem ungesteuerten Zustrom der Pilger nicht mehr gewachsen. Deshalb wird versucht, die Zahl der Pilger über die Erteilung von Visa zu kontingentieren. Zum Beispiel benötigen auch die Bewohner von Medina ein Visum, um während des Pilgermonats in den Haram von Mekka, den heiligen Bezirk, eingelassen zu werden.
- Nicht-Muslime werden dort nicht geduldet.
- Die Pflicht der Hadsch gilt nur dann als erfüllt, wenn der Pilger erwachsen ist.
- Muslime bezeichnen die Hadsch als das Verlassen dieser Zeit, als Gang durch die Hölle und Begegnung mit dem Himmel.
- Ein Reiseführer unserer Tage beschreibt die Pilgerfahrt so:

Die Pilgerfahrt nach Mekka

Jeder Moslem muß einmal in seinem Leben nach Mekka pilgern, sofern es seine wirtschaftliche Situation und seine Gesundheit zulassen. Die Pilgerfahrt, die Hadsch, muß im letzten Monat des islamischen Jahres, dem Dhul al Hijra, durchgeführt werden; wer sie absolviert hat, fügt seinen Namen den Beinamen ‚Hadschi' hinzu. Die in Mekka zu verrichtenden Zeremonien finden alljährlich zwischen dem 8. und dem 13. Tag des Pilgermonats statt. Für Saudi-Arabien, das dann Millionen von Moslems aus aller Welt aufnimmt, bedeutet diese Zeit den Höhepunkt des Jahres, und auch die nicht-moslemischen Besucher, die während des Pilgermonats die Arabische Halbinsel bereisen, geraten in den Sog dieses herausragenden Ereignisses.

Schon während der Fahrt nach Mekka, spätestens aber an der Grenze zum Heiligen Bezirk, der etwa 15 Kilometer vor Mekka beginnt und die Stadt in einem weiten Kreis umfaßt, legt der Pilger nach gründlichem Waschen oder Baden das traditionelle Pilgergewand, das Ihram, an. Es besteht aus zwei ungesäumten weißen Frottétüchern. Ein Tuch wird als Rock um die Hüfte getragen, das andere um die linke Schulter des Oberkörpers geschwungen; die rechte Schulter bleibt unbedeckt. Die gleiche Kleidung aller Pilger hebt äußerlich alle Rang- und Standesunterschiede auf. Für Frauen gibt es kein besonderes Gewand; ihre Kleidung muß aber unbedingt den Körper von Kopf bis Fuß vollständig bedecken.

Nach der Ankunft in Mekka besucht der Pilger zuerst die Große Moschee zum Begrüßungs-Tawaf. Im Innenhof umschreitet er betend siebenmal die Kaaba, danach versucht er, den heiligen Stein, den in der Südostecke der Kaaba in Silber gefaßten Meteoriten, zu küssen und zu berühren. Nun wandert der Pilger zur Zemzem-Quelle, um sich zu erfrischen. Neben der Quelle befindet sich der Safa-Felsen, von dem er die knapp 400 m zum Marwa-Felsen und zurück zu Fuß zurücklegen muß, und zwar siebenmal und so schnell wie möglich (heute verbindet eine Galerie beide Felsen). Dies geschieht in Erinnerung an die verzweifelte Wassersuche Hagars, der Mutter Ismails, die – von Abraham hier mit ihrem Kind ausgesetzt – dem Verdursten nahe war. Von Luftspiegelungen getäuscht, lief sie siebenmal erfolglos zwischen dem Safa- und dem Marwa-Felsen hin und her. Als sie sich verzweifelt wieder ihrem Kind zuwandet, das sie an der Stelle der Kaaba zurückgelassen hatte, öffnete sich der Boden, und eine Quelle – die Zemzem-Quelle – spendete das ersehnte Wasser. Abraham kümmerte sich dann doch wieder um Frau und Kind, richtete das alte hier befindliche Heiligtum wieder her und baute zum Schutze ein würfelförmiges Gebäude darüber: die Kaaba.

Am 8. Tag des Pilgermonats fahren die Pilger nach Mina, einem Vorort Mekkas. Von dort ziehen sie am frühen Morgen des 9. Tages weiter zur Ebene Arafat, etwa 10 km südöstlich von Mekka. Sie müssen hier vor Mittag eintreffen und den Rest des Tages bis Sonnenuntergang im Freien verbringen; eine durchaus beachtliche Leistung im heißen Klima Saudi-Arabiens. Mitten in der Ebene Arafat liegt ein kleiner Hügel, der Gnadenberg, von dem Mohammed kurz vor seinem Tode die letzte Ansprache hielt. Dieser Abschlußrede kommt ähnliche Bedeutung zu wie der Bergpredigt. Am Hügel wird der Tag in Andacht und mit Koranrezitationen verbracht; das Abendgebet am Berg Arafat bildet den Höhepunkt. Der Überlieferung nach soll der Erzengel Gabriel auf dem Gnadenberg die Stammeltern aller Menschen, Adam und Eva, wieder zusammengeführt haben, nachdem sie nach ihrer Vertreibung aus dem Paradies jahrelang, jeder für sich alleine, umhergeirrt waren.

Auf dem Rückweg nach Mekka machen die Pilger Station in Muzdalifa, einem anderen Vorort von Mekka, etwa auf halbem Wege zwischen dem Berg Arafat und der Großen Moschee, und verbringen hier in der Ebene von Mina wiederum die Nacht im Freien. Auf dem Weg nach Mina haben sie zuvor 49 kleine Steine aufgesammelt. Diese werfen die Pilger an den folgenden drei Tagen auf drei Steinsäulen in Mina, den sogenannten großen, den mittleren und den kleinen Teufel. Der Pilger bekämpft damit symbolisch das Böse; genau wie Abraham, der den Teufel mit Steinwürfen verjagte, als dieser ihn in Versuchung bringen wollte. Für viele Pilger wird der Satan hier Realität, und sie rächen sich für all die Versuchungen und Peinigungen, denen sie bisher erlegen sind. Manche schleppen daher mehr als 49 Steine an, viele werfen nicht nur kleine, und andere schleudern sogar ihre Sandalen gegen die Steinsäulen. Die Menschen drängen sich bei den ‚Teufeln' so sehr, daß die Stadtverwaltung große Fußgängerbrücken als zweite Ebene zum Steinwerfen errichtet hat. In der Nacht karren dann Lastwagen die Steine wieder weg. In Mina bringt der Pilger auch sein Schlachtopfer: Je nach Geldbeutel wird eine Ziege, ein Schaf oder ein Rind gekauft und entsprechend den Vorschriften des Korans geschlachtet. Manche Pilger tun sich zusammen und opfern gemeinsam ein größeres Tier, z.B. ein Kamel. Das Fleisch wird nur zum Teil selbst gegessen; der Rest lagert in den Kühlhäusern der Stadt und wird den ‚Armen' zugedacht.

Nach dem Schlachtopfer führt der Weg wieder nach Mekka zur Großen Moschee, und erneut vollziehen die Pilger den Tawaf, d.h. sie laufen wieder siebenmal betend um die Kaaba und siebenmal zwischen Safa und Marwa hin und her. Mit dem Hadsch-Tawaf ist der vorgeschriebene Teil der Pilgerfahrt abgeschlossen. Während dieser Zeit durfte der Pilger sich nicht waschen (außer mit dem Wasser der Zemzem-Quelle), um die rituelle Reinheit nicht zu zerstören. Jetzt kehrt er aber zum normalen Leben zurück, legt das Ihram ab, säubert sich vom Schweiß der vergangenen Anstrengungen und läßt sich Bart und Haare schneiden.

Man kann auch außerhalb der Hadsch-Zeit viele Leute im Ihram sehen. Diese Pilger kommen, um die kleine Pilgerfahrt – die ‚Umra' – zu vollziehen. Diese, ursprünglich nur für die Gläubigen gedacht, die nahe bei Mekka wohnen und oft dort hinreisen können, besteht im wesentlichen aus dem

Tawaf in der Großen Moschee und kann an einem Tag erledigt werden.
Saudi-Arabien beschränkt den Aufenthalt für die Hadsch-Pilger auf sechs Wochen. Zu groß ist nämlich die Zahl jener Pilger, die im ölreichen Königreich gerne auch eine Arbeit aufnehmen möchten.

Aus: Gerhard Heck und Manfred Wöbcke, Arabische Halbinsel, S. 83 ff.

Natürlich kann dieser Text auch im Unterricht eingesetzt werden. Entscheidend werden das Interesse der Schüler sein und die Einschätzung dessen, was der Lehrer ihnen zumuten darf. Hier ist der Text vor allem zur Information des Lehrers gedacht. Der Text von Udo Kelch „Die Kaaba" (Mat. D) soll den Schülern deutlich machen, mit welcher Inbrunst die Pilgerfahrt – hier die Kaaba – sogar von einem Mitteleuropäer erlebt wird.

Der kleine Text von Margot Bickel „Geh deinen Weg" (Mat. 31) kann nach der Ergebnisfixierung als **Phase 3** oder im Rahmen der Wiederholung in der nächsten Stunde den Kreis schließen durch die Aussage, daß sich religiöse Menschen als Weggefährten verstehen. Christen wie Muslime sind unterwegs, sind Weggefährten zur Wahrheit, zur Freiheit, zu Gott.

Die **Hausaufgabe** (Mat. 32) ist zunächst Lernstoff, sollte aber nicht ohne den Hinweis aufgegeben werden, daß sich z.B. hinter allen diesen Frömmigkeitsformen ähnliche religiöse Dimensionen verbergen wie hinter der Wallfahrt nach Mekka. Vergleichsweise leicht für Schüler vermittelbar sind die Inhalte und Bedeutungen des Fastens im Ramadan.

Mat. D

Udo Kelch, Die Kaaba

Ich darf Mekka sehen, ich, ein Europäer, Mekka, die heilige Stadt der Muslime, die sie mit aller Strenge vor jedem Fremden bewachen. Ich bin zum Glauben der Muslime übergetreten. Ich bin auf einer Pilgerfahrt.
Die Stadt ist übervoll von Pilgern. Sie liegen auf den Straßen. Hunde drängen sich schnüffelnd herum. „Dies ist nicht die Stadt des Reichtums, sondern die Stadt der Gottesverehrung", sagt mein Begleiter. Durch die winkligen Gassen der Stadt suchen wir den Weg zum Heiligtum.
Der Tag lichtet sich schon, als wir die Säulenhalle, die die Kaaba umgibt, erreichen. Vor dem Tor drängen sich Hunderte, ja Tausende von Pilgern. Wir streifen die Sandalen ab und legen sie auf die dafür vorgesehenen Holzständer. Wir gehen durch die Säulenhalle – barfuß. Wir erreichen den Hof des Heiligtums. Ich sehe die Kaaba, diesen mächtigen Würfel. Düster ragt er auf in der Mitte des riesigen Hofes, bedeckt mit einem schwarzen Tuch. Ringsumher wogt das Volk: Männer, Frauen, Kinder. Ich weiß: jetzt muß ich rufen: „Allahu akbar" – „Gott ist groß". Ich rufe es. Ich bete es.

Allah, ich suche Zuflucht in deinem Hause,
Zuflucht vor dem Elend,
Zuflucht vor dem Tod,
Zuflucht vor der Habgier des Herzens.
Allah, segne Mohammed,
segne sein Haus und seine Gemeinde.
Segne mich, den Pilger.

Ein unbeschreibliches Gefühl ergreift mich. Ich darf das Heiligtum sehen, ich, ein Ungar. Ich sehe die Pilger im Heiligtum, wie sie sich drehen, wie sie beten, schreien, jammern, weinen.
Mein Führer spricht die heiligen Gebete. Ich muß den Umgang beginnen. Mein Körper beginnt zu zittern. Die Ekstase der Menge geht über auf mich. Alles dreht sich um die Kaaba. Javaner bahnen sich den Weg, Tataren aus Mittelasien, Chinesen mit ihren Mandelaugen, langbärtige, kriegerische Afghanen, sanfte, träumerische Inder. Alle sind Muslime. Alle wollen zum Schwarzen Stein. Alle wollen die Hand zum Himmel erheben: „Allah ist groß und sein ist das Lob!"
Aber erst muß ich die Kaaba umgehen. Siebenmal! Dreimal leicht laufen, dann viermal im Schritt.
Ich fühle keinen Schmerz mehr. Ich muß ihn erreichen, den Schwarzen Stein. Entsetzlich ist das Gedränge. Sie stoßen sich von vorn, von hinten, von der Seite. Jeder will den Kuß, die Berührung des Steines und damit – einen guten Platz im Paradies. Mein Führer stößt mit Händen und Füßen. Er arbeitet sich mit den Ellbogen voran. Er brüllt. Da sehe ich den Stein, seine glatte, glasartige Oberfläche. Ich werde herangestoßen. Ich drücke meinen Mund darauf. Oh, dieser Schwarze Stein! Obwohl keine der islamischen Rechtsschulen das Küssen des Steins zur Pflicht erklärt, spielt diese Praxis im Volksglauben eine große Rolle.
Schon werde ich wieder fortgerissen. Andere drängen heran. Meine Kräfte sind erschöpft. Die Sonne ist aufgestiegen. Glühend steht sie am Himmel. Kaum, daß ich mich durch den Hof des Heiligtums dahinschleppen kann. Da springen mir einige Kinder entgegen. Sie geben mir Wasser zu trinken, Wasser aus einer flachen Zinnkanne, Wasser aus der heiligen Quelle Zam-Zam.

Aus: D. Steinwede und S. Ruprecht (Hrsg.), Vorlesebuch Religion 2

12. Stunde: Islamische Frömmigkeit

A Methodisch-didaktische Vorbemerkungen

In dieser Stunde werden zwei Elemente der vorausgegangenen Stunde aufgenommen und vertieft: Die persönliche Frömmigkeit und das Faktenwissen über den Islam. Damit beides von Schülern angenommen werden kann, wird die Frömmigkeit vor allem an muslimischen Schülern und in kurzen Szenen eingebracht, während das Faktenwissen durch den Moscheebau und sein Umfeld ergänzt werden soll. Die Moschee wird exemplarisch an einem Bauwerk, der Moschee von Kairuan, mit Hilfe von zwei Photographien und einem Grundriß vorgestellt. Im allgemeinen sind Schüler an solchen Fakten interessiert und bereichern mit entsprechenden Fragen den Unterricht.
Beide Elemente stehen in Beziehung zum bundesdeutschen Alltag: Die kurzen Szenen haben sich bei uns in Schulen und im Rahmen von Hausaufgabenbetreuungen abgespielt. Moscheen existieren in jeder größeren deutschen Stadt, fallen jedoch kaum ins Auge. Häufig sind sie in ehemaligen Fabrikhallen außerhalb der Wohngebiete untergebracht, beeindrucken aber durchaus durch ihre Ausstattung. Dieser Beziehung folgend, wird in der Hausaufgabe die Beschäftigung mit einem kleinen

„Knigge zur deutsch-türkischen Begegnung“ verlangt. Diese Unterrichtseinheit soll auch die Begegnung von Christen und Muslimen fördern.

B Ziele der Stunde

In dieser Stunde
- wird der Begriff „fromm“ und die eigene Frömmigkeit reflektiert;
- wird ein Blick auf die Frömmigkeit muslimischer Schüler in der Bundesrepublik und einige damit verbundene Probleme geworfen;
- kann eine vertiefende Beschäftigung mit den Elementen des muslimischen Pflichtgebets geschehen;
- soll an einem Beispiel die Moschee vorgestellt und einige Fachbegriffe aus ihrem Umfeld unterrichtet werden;
- wird als Hausaufgabe die Erarbeitung einiger Umgangsformen mit muslimischen Türken verlangt.

Soweit es in dieser Stunde möglich ist, sollen die Schüler erkennen, daß der Islam entgegen einem weitverbreiteten Vorurteil keine Religion der Äußerlichkeiten und Formalismen ist.

C Stundenverlauf

Das Gespräch über Frömmigkeit und das Wort „fromm“ in **Phase 1** kann vergleichsweise kurz sein. Vor allem jüngere Schüler zeigen sich an etymologischen Klärungen kaum interessiert. Bewegender kann da schon die Frage nach der eigenen Frömmigkeit und die der Christen allgemein sein. Die Antworten auf diese Fragen fallen meist pauschal aus und gereichen den christlichen Gemeinden nicht zum Ruhm. Wenn der Unterricht so verläuft, kommen an dieser Stelle die „Erfahrungen beim Brückenbauen“ (Mat. 33) zur Wirkung.

Phase 2 kann mit einem stillen Lesen oder dem Vorlesen der Textabschnitte durch Schüler beginnen.
Die Aussagen der vier Szenen sind klar:
Szene 1: Muslimische Schüler sind u.U. recht fromm, beten, fasten und halten sich an die Vorschriften ihrer Religion. Unsere Schüler zeigen sich beschämt. Ein solches selbstverständliches Verhältnis zum Gebet besitzen sie nicht oder nicht mehr.
Szene 2: Der Islam besteht nicht aus einem Block. Vielmehr ist er in viele Gruppen und Richtungen gespalten, die zwar die christlichen deutschen Nachbarn oder Schulkameraden kaum wahrnehmen, die Muslime aber sehr wohl. Daraus können sich Spannungen ergeben.
Szene 3: Die Beschneidung wird im türkischen Islam als großes Fest begangen. Eine Distanzierung von diesem Ritus oder gar Abscheu bleibt Muslimen unverständlich. In der Beschneidung, die z.B. auch von Juden und Kopten (ägyptischen Christen) geübt wird, zeigt sich ein vorislamisches Element.
Szene 4: Islamische Sitte kann unter dem Druck des Gastlandes für manchen eigentlich religiös gleichgültigen türkischen Gastarbeiter zum Zeichen seiner Identität werden.
Wenn in dieser Phase von anderen Frömmigkeitsformen im Islam gesprochen wird, sollte der Lehrer wissen:
- Die Beschneidung wird im Koran nicht gefordert.
- Dagegen fordert der Koran Verzicht auf den Genuß von Schweinefleisch in Sure 2/174
- und er fordert den Verzicht auf Alkoholgenuß in Sure 2/220.

In **Phase 3** soll zunächst die Hausaufgabe, die Fünf Säulen des Islam, abgerufen und

besprochen werden. Nur wenn das Interesse der Lerngruppe sehr groß ist und den Elementen des Pflichtgebets nachgefragt wird, sollte das Material 34 „Vertiefungen“ vorgelegt werden. Wichtiger und für die Schüler ansprechender ist die Beschäftigung mit der Moschee, ihrer Einrichtung und einigen Personen, die zu ihrem Umfeld gehören (Mat. 35).
Als Beispiel ist hier die Moschee von Kairuan (Quairawan) in Tunesien gewählt, das etwa 125 km südlich von Tunis liegt. Diese Moschee wurde um 670 gebaut und besitzt einen trapezförmigen Grundriß von etwa 133 mal 80 m. Natürlich gibt es ganz unterschiedliche Moscheebauten, deren Abhängigkeit von ihrer Zeit und ihrem kulturellen Umfeld für den Fachmann offenliegen. Man vergleiche nur die unterschiedlichen Kirchbauten!

Einige Informationen:
- Die Moschee war ursprünglich nur ein abgegrenzter Hof, wie er sich am Haus Mohammeds in Medina befand, und in dem Mohammed und seine Anhänger beteten, zunächst nicht nach Mekka, sondern nach Jerusalem gewandt.
- Jede Moschee besitzt eine Gebetsnische (Mihrab), die auf die Kaaba in Mekka ausgerichtet ist.
- Jede Moschee besitzt Reinigungsanlagen für die rituellen Waschungen. Früher waren das Brunnen, heute können das durchaus moderne sanitäre Anlagen sein.
- Zur Einrichtung der Moschee gehört auch ein Rednerpult, eine Kanzel (Minbar), von der aus vor allem beim Freitagsgebet gepredigt wird.
- Weitere Einrichtungsgegenstände sind vorhanden, sollten aber nicht unterrichtet werden, um die Schüler nicht zu überfordern.
- Jede Moschee ist mit dem Gottesnamen Allah und dem Prophetennamen Mohammed in arabischer kalligraphischer Schrift – meist mehrfach – geschmückt.
- Jede Moschee besitzt wenigstens ein Minarett, von dem aus zum Gebet gerufen wird.
- Alle Moscheen sind mit Teppichen ausgelegt. Alle Besucher ziehen am Moscheeingang ihre Schuhe aus und gehen barfuß oder auf Strümpfen.
- Der Vorbeter der Moschee ist der Imam, der zumindest in größeren Städten eine theologische Ausbildung besitzt.
- Der Muezzin ist der Gebetsrufer.
- Über die genannten Personen hinaus gibt es in den meisten Moscheen Hilfskräfte, die z.B. die Gebetsreihen ausrichten, für die Sauberkeit sorgen etc.

Im Grundriß der Moschee von Kairuan erkennt man die Gebetsnische am Ende des Mittelschiffs, überwölbt von einer Kuppel. Das Mittelschiff ist über seinem Eingang auch durch eine Kuppel geschmückt. Das Mittelschiff mit seinen Seitenschiffen stellt den abgegrenzten Bezirk dar, den Haram. Der mächtige Turm ist das Minarett. Die Kanzel ist im Grundriß nicht eingezeichnet, befindet sich aber üblicherweise als eine Art Möbel rechts oder links von der Gebetsnische.

Mit der **Hausaufgabe** wird zurückgelenkt auf die Situation in Deutschland und die sich daraus ergebenden Aufgaben. Es soll dem Kollegen überlassen bleiben, ob er den Inhalt dieses Textes (Mat. 36) als Regel oder Thesen erarbeiten läßt oder nur allgemein den Inhalt verlangt. Dieser Text ist durchaus von Bedeutung für einen besseren Umgang deutscher und türkischer, christlicher und muslimischer Schüler.

13. Stunde: Heiliger Krieg I: Der Dschihad

A Methodisch-didaktische Vorbemerkungen

Mit dieser Stunde wendet sich der Unterrichtsverlauf von den vorwiegend religiös-theologischen Inhalten weg zu den politisch-gesellschaftlichen. Konnten bisher immer wieder große Nähe und überraschende Übereinstimmungen festgestellt werden, müssen nun zunehmend Unterschiede und kritische Bemerkungen formuliert werden. Umso wichtiger wird das Bemühen im Unterricht werden, objektiv und sachlich die Zusammenhänge darzustellen. Wie schwer dies im einzelnen werden kann, zeigt der Gegenstand dieser Stunde, der Dschihad. Die geistige Vielfalt des Islam führte in Geschichte und Gegenwart zu ganz unterschiedlichen Definitionen und Interpretationen dessen, was der Dschihad darstellt. Deshalb muß auch den Schülern klargemacht werden, daß es die allgemein anerkannte Definition des Dschihad nicht gegeben hat und nicht – auch nicht im Koran – gibt.
So sehr der Lehrer mit dem großen Interesse, wenn nicht sogar mit der großen Neugier, seiner Schüler rechnen darf, er muß sich bewußt bleiben, daß das vielfältige Spektrum im Islam einfache Antworten unmöglich macht.

B Ziele der Stunde

In dieser Stunde sollen die Schüler
- ihre Ängste und ihre (Vor-)Urteile bezüglich eines militanten Islam artikulieren dürfen;
- die Perspektiven wechseln und die Bedrohung islamischer Völker durch christliche Heere in Vergangenheit und Gegenwart ins Auge fassen;
- den Koran als die legitime aber interpretierbare Quelle für den Dschihad erleben;
- die Frage stellen, warum von europäischen Christen islamische Eroberer als Vertreter ihrer Religion, christliche Eroberer aber abgelöst von ihrem religiösen Hintergrund beurteilt werden;
- unterschiedliche Aspekte des Dschihad nach einer islamischen Quelle kennenlernen;
- den Großen Dschihad vom Kleinen Dschihad zu unterscheiden lernen.

C Stundenverlauf

Vor dem Unterricht sollte der Lehrer sich über die auf den Stundenblättern verzeichneten Inhalte hinaus klarmachen:
- Der Begriff „Dschihad“ geht auf das Verb „dschahada“ zurück, das „sich um eine Sache bemühen“ bedeutet. Das Aktiv-Partizip „Mudschahid“ bezeichnet den islamischen Glaubenskrieger.
- Sure 2/154 und Sure 3/169 und 170 verbieten es, von den im Glaubenskampf Getöteten als von Toten zu reden. Sie leben in Freude und erwarten die nachkommenden Glaubenskrieger.
- Sure 4/74 verspricht den gefallenen Glaubenskriegern großen Lohn.
- Sure 8/38 und 39 verpflichten zum Kampf gegen die Ungläubigen, das sind Nichtmuslime und vom Islam Abgefallene.
- Im Zeichen fundamentalistischer Renaissance verlieren die Stimmen der Mäßigung an Gewicht.
- Nach sunnitischem Recht gelten Kriege zwischen islamischen Staaten nicht als Dschihad, was den schiitischen Ayatollah Chomeini nicht daran hinderte, den Krieg mit dem Irak zum „Heiligen Krieg“ zu erklären. Die Konstruktion

ging davon aus, daß der irakische Führer Saddam Hussein ein „gottloser Tyrann“, also kein Muslim mehr sei.

- In ähnlicher Weise versuchten der Libyier Gaddafi, der Iraker Hussein und andere Führer islamischer Staaten, bei ihren Kriegen und Eroberungen den Dschihad propagandistisc einzusetzen.
- Daß hier ein Mißbrauch vorliegt, wird schon an der Tatsache deutlich, daß allein ein Imam – nicht aber ein Staatsführer – befugt ist, den Dschihad auszurufen.
- In der von der Evangelischen Kirche in Deutschland herausgegebenen Schrift „Was jeder vom Islam wissen muß“ wird zum Dschihad ausgeführt:

Der sogenannte „Heilige Krieg“ (dschihad)

Das arabische Word Dschihad, das im Westen irreführend mit „Heiliger Krieg“ übersetzt wurde, bedeutet eigentlich „Anstrengung“, nämlich um der Sache Gottes willen (dschihad fi-sabil allah), und kann sowohl den äußeren wie den inneren Kampf bezeichnen. In den Jahrhunderten nach Mohammed, die von der kriegerischen Ausbreitung gekennzeichnet waren, wurde das Islamgebiet (dar al-islam) unterschieden vom Kriegsgebiet (dar al-harb), das sich noch nicht dem islamischen Herrschaftsanspruch unterworfen hatte, und – in späterer Zeit – vom Vertragsgebiet (dar al-sulh) zwischen diesen beiden. Die kriegerische Verteidigung oder Ausbreitung des islamischen Herrschaftsbereiches galt als eine besondere Weise des Dschihad. Die islamische Mystik hat diesen Begriff schon bald vergeistigt. Der geistliche Kampf wurde als der „große Dschihad“ über den „kleinen Dschihad“, den kriegerischen Einsatz, gestellt. Auch friedliche Bemühungen, z.B. um gerechte und soziale Verhältnisse, können als Dschihad bezeichnet werden. In jüngster Zeit ist dieser Begriff auch auf die Befreiung vom Kolonialismus, auf den Kampf der Palästinenser und – im schiitischen Islam – auf den Widerstand gegen das Schah-Regime angewandt worden. Von militanten Gruppen wird er häufig gebraucht oder auch mißbraucht. Allgemein gilt auch heute jede Bemühung, eine islamische Weltordnung aufzubauen, Gottes offenbarten Willen zu verwirklichen und seinem Wort die Vorherrschaft zu verschaffen, als Dschihad.

Die im Westen verbreitete These von der „Ausbreitung des Islam durch Feuer und Schwert“ übersieht die Unterscheidung zwischen islamischem Herrschaftsbereich und individueller Hinwendung zum Islam und vergißt überdies von Christen durchgeführte Gewalt- und Zwangsmaßnahmen wie im mittelalterlichen Spanien. Wo sich der islamische Herrschaftsbereich kriegerisch ausbreitete, ging es nicht primär um Bekehrung Andersgläubiger. Sie wurde dadurch allerdings gefördert. Dagegen hat sich die Ausbreitung des Islam in Schwarzafrika weitgehend auf friedlichem Weg vollzogen. Gewalt bleibt nach islamischer Überzeugung allerdings ein legitimes Mittel, um Bestand und Fortleben des Islam zu sichern.

Aus: Was jeder vom Islam wissen muß, S. 85

Phase 1 will die Schüler bei ihrem Vorwissen (und ihren Vorurteilen) abholen und den Begriff „Dschihad" bzw. „Heiliger Krieg" problematisieren. Schon hier kann davon gesprochen werden, daß der Inhalt „Heiliger Krieg" nicht islamischen, sondern biblisch-christlichen Ursprungs ist (vgl. dazu die 14. Stunde). Der Perspektivwechsel, der mit der Karikatur (Mat. 37) eingeleitet wird, ist heilsam, wenn über die Kreuzzüge hinaus an die vielen Eroberungen europäischer Staaten im Zuge der Kolonialisierung gedacht wird. Die Verletzungen jener Zeit werden durch den Wirtschaftsimperialismus unserer Tage weiter vertieft. Die militärische Überlegenheit des Westens ist offensichtlich. Eigentlich müßten sich Muslime viel mehr vor Christen fürchten als umgekehrt.

In **Phase 2** soll zunächst versucht werden, eine Basis der Beurteilung und Klärung im Koran zu finden. Der Kollege, dem die im Materialheft angegebenen Koranstellen nicht genügen, sei auf die Ergänzungen im Vorspann zu dieser Verlaufbeschreibung verwiesen. Die Entscheidung, wie ausholend er unterrichten kann, wird wesentlich von der Klassenstufe abhängen. Das Stundenblatt beschreibt ein Minimum.

Phase 3 verweist auf ein Problem, das häufig dem Lehrer oder – allgemein gesprochen – dem Urteilenden nicht auffällt: Es wird mit unterschiedlichen Maßstäben gemessen. Bei Kriegen christlicher Herrscher wird die Religionszugehörigkeit außer acht gelassen, nicht aber bei muslimischen Herrschern. Die europäische Geschichte mag als eine Geschichte von Kriegen beschrieben werden, bei denen das Christentum nur eine marginale Bedeutung hatte. Dann sollten aber bei Kriegen islamischer Herrscher die Anteile z.B. persönlichen Macht- und Gewinnstrebens genau analysiert werden. Der Text „Zum Beispiel Kreta" (Mat. 38) kann für diese unterschiedlichen Maßstäbe erhellend sein: Bei venezianischen oder deutsch-nationalsozialistischen Eroberungen denken wir selbstverständlich in Kategorien, wie z.B. strategischer Vorteil – bei Eroberungen arabischer oder türkischer Herrscher fragen wir nach der Übereinstimmung mit der Religion. Allerdings muß relativierend der Gedanke eingebracht werden, daß die Verbindung von Staat und Religion im Islam weitaus enger gedacht ist als im Christentum. Darüber wird noch zu reden sein.

Die **Hausaufgabe** (Mat. 39) ist diesmal von besonderer Wichtigkeit. Wenn sie jedoch als Hausaufgabe den Schülern nicht zugemutet werden kann, sollte sie im Unterricht erarbeitet werden. Die Ergebnisse müssen in den Schülerheften festgehalten werden. Die Differenzierung des Begriffs „Dschihad" muß für die Schüler selbstverständlicher Bestandteil ihres Wissens werden.

14. Stunde: Heiliger Krieg II: Islamische und christliche Eroberungen

A Methodisch-didaktische Vorbemerkungen

In dieser Stunde soll der Versuch unternommen werden, einige allgemein vertretene Behauptungen in bezug auf den Islam zurechtzurücken, zu korrigieren und zum Teil als Vorurteile zu entlarven. Es liegt nicht unbedingt in der Natur der Sache, daß dabei die Christen weniger gut abschneiden. Es ist aber weithin so. Diese Tendenz erscheint nochmals gesteigert durch die Eigenheit des schulischen Unterrichtens, holzschnittartig zu argumen-

tieren, Exemplarisches herauszuarbeiten, auf Vollständigkeit ebenso zu verzichten wie auf Zwischentöne.
Für diese Stunde bedeutet das, nicht in eine pauschale Entschuldigung islamischer Unternehmungen und in eine ebenso pauschale Schuldzuweisung an Christen zu verfallen. Die jüngere Vergangenheit liefert mit dem Iran-Irak-Krieg, dem Irak-Kuwait- Krieg, den Kriegen Gaddafis gegen den Tschad Beispiele genug für ungerechte und grausam geführte Kriege islamischer Führer. Vielmehr geht es in dieser Stunde darum, die üblichen Schlagworte mit der historischen Wahrheit zu konfrontieren, soweit es die Bedingungen der Schule zulassen. Auf entsprechende Fragen der Schüler sollte der Lehrer offen in der skizzierten Weise antworten.
Es versteht sich von selbst, daß im Verlauf der Stunde – etwa bei den Berichten von der Eroberung Jerusalems durch die Kreuzfahrer – nicht die Sensationslust der Schüler befriedigt werden soll, sondern die Trauer im Vordergrund stehen muß.

B Ziele der Stunde

In dieser Stunde werden historische Sachverhalte angesprochen, die häufig schlagwortartig gegen den Islam ins Feld geführt werden, und auf ihre historische Wahrheit hin überprüft. Am Ende der Stunde müßte in etwa folgendes klar sein:
- Der „Heilige Krieg“ ist keine Erfindung des Islam, sondern ein uraltes biblisches Element.
- Die Kreuzzüge sind kein Ruhmesblatt der Kirchengeschichte. Die unchristliche Verachtung der Muslime gipfelte in einem allgemeinen Gemetzel bei der Eroberung Jerusalems im Jahr 1099.
- Die Aggression des christlichen Westens gegen den islamischen Osten fand u.a. eine Fortsetzung im Kolonialismus und im Wirtschaftsimperalismus unserer Tage.
- Auch die berühmte Schlacht von Tours und Poitiers 732 war eher der Beutezug eines islamischen Heeres aus Spanien, bei der dessen Führer, Abd-al-Rachman, zufällig den Tod fand, als die große Schicksalsschlacht, die das Abendland rettete. Dieses islamische Heer hatte nicht die Absicht, das Frankenreich zu erobern.
- Christen und Juden ging es unter islamischen Herrschern im allgemeinen gut. Dies gilt ganz besonders für das maurische Spanien, aber auch für Nordafrika.
- Die massenhafte Konversion von Christen zum Islam erklärt sich auch durch dessen Anziehungskraft.

C Stundenverlauf

Mit der Besprechung der Hausaufgabe ist das Thema der letzten Stunde und dieser Stunde im Raum: der Dschihad, der Heilige Krieg.
Phase 1 verlangt nun ohne weitere Einleitung eine Bibelarbeit, die Beschäftigung mit 5. Mose 20/1–4. Die Schüler werden bei der Bearbeitung der Frage, welche Rolle denn nun Gott nach diesen Versen in den Kriegen Israels spiele, von selbst darauf kommen, daß es sich hier um Elemente des Heiligen Kriegs handelt. Damit ist eine wichtige Erkenntnis erzielt: Die Sache „Heiliger Krieg“ hat viel eher etwas mit Judentum und Christentum zu tun als mit dem Islam, dessen Fachwort „Dschihad“ „Anstrengung“ oder „Mühe“ meint. Dabei kommt der Begriff „Heiliger Krieg“ in der Bibel nicht vor. Allerdings wird immer wieder einmal eine Verbindung von „heilig“, „heiligen“ etc. und „Krieg“ hergestellt (vgl. Joel 4/9). Inhaltlich ist der „Heilige Krieg“ im Alten Testament vielfach beschrieben oder angesprochen: Dtn. 23/9ff,

15; Jos. 3/5; Ri. 6/34 f; 1. Sam. 21/6; Jes. 13/3; Jer. 6/4; 22/7; Mi. 3/5.

Phase 2 beschäftigt sich mit dem ersten Kreuzzug. Hier sollte zunächst das Vorwissen der Schüler zusammengetragen und erst dann der Text von S. Hunke „Aufruf gegen..." (Mat. 40) gelesen werden. Sigrid Hunke, promovierte Germanistin, ist eine vielfach ausgezeichnete Sachbuchautorin, die sich intensiv mit den Einflüssen arabischer Kultur auf Europa beschäftigt hat. Sie ist als Autorin nicht unumstritten, gilt als philoarabisch und antikirchlich. Ihre in diesem Unterrichtsvorschlag aufgenommenen Texte sind durch die Kürze und durch die Leidenschaft, mit der sie geschrieben sind, für Schüler geeignet. Eine Verkürzung der Sachverhalte muß in Kauf genommen werden.
Zum Schluß dieser Phase liest der Lehrer aus Wilhelm von Tyrus „Die Eroberung der Stadt Jerusalem" (Mat. E) vor, um den Schülern nicht nur ein Bild von den Geschehnissen zu vermitteln, sondern auch von der Distanz der Kreuzfahrer zur Lehre Jesu.
Eine Alternative zu diesem Text kann die Zusammenfassung von Martin Erbstösser sein, die auch Motive für das grauenhafte Tun der Kreuzfahrer nennt:

Martin Erbstösser, Die Kreuzzüge

Den Höhepunkt der Grausamkeit brachte das Ende des 1. Kreuzzuges, das fürchterliche Blutbad nach der Eroberung Jerusalems. Hinsichtlich des Ausmaßes gibt es dafür in der mittelalterlichen Geschichte kaum Parallelen. Am 15. Juli 1099 wurde Jerusalem nach hartnäckiger Belagerung erobert. Danach folgte ein Massenmorden der einheimischen mohammedanischen und jüdischen Bevölkerung. Wie Besessene rasten die Kreuzritter durch die Straßen. Weder Frauen noch Kinder noch Greise fanden vor ihren Waffen Gnade. Die Strapazen von drei harten Kriegsjahren, religiöser Fanatismus und Beutegier schlugen in ein sinnloses Töten um. Die Augenzeugenberichte sind voller grausamer Detailschilderungen. Die Hauptsynagoge, Zufluchtsstätte der Juden, wurde in Brand gesteckt. Die Flüchtlinge fanden den Tod. Ähnlich erging es den Muslimen, die sich in den Moscheen verborgen hielten. Die Leichen der Opfer lagen zu Bergen in den Straßen und auf den Plätzen. Ein christlicher Chronist überliefert: „Der Patriarch zog eine Straße entlang und mordete auf seinem Weg alle Ungläubigen. So kam er zur Kirche des Heiligen Grabes, die Hände blutverklebt am Griff seines Schwertes. Dort wusch er sich die Hände mit den Worten des Psalmes ‚Der Gerechte freut sich in dem Herrn, wenn er solche Rache sieht, die er ausführt. Er wird seine Hände baden im Blut der Gottlosen'. Dann feierte er die heilige Messe und sagte, er habe niemals ein Gott wohlgefälligeres Opfer gebracht."
Andere Quellen berichten ähnlich.
Wir wissen nicht, wieviele Menschen dem Massaker zum Opfer fielen. Die chronikalischen Angaben schwanken zwischen zehn- und einhunderttausend. Bekannt ist jedoch aus den folgenden Jahren, daß in der Stadt Jerusalem nur noch wenige jüdische und mohammedanische Bewohner lebten.
Die arabisch-islamische Welt war entsetzt, Europa bestürzt. Die Kreuzritter feierten unmittelbar im Anschluß an den Blutrausch eine Dankesprozession anläßlich des Sieges.

Aus: Martin Erbstösser, Die Kreuzzüge, S. 96 f.

Für den Kollegen, der das Thema Kreuzzüge weiter vertiefen möchte, sei hier noch ein weiterer Text mitgeteilt, der sich für den Einsatz im Unterricht eignet. Er macht deutlich, wie wenig es bei diesen Unternehmungen um Religion oder Frömmigkeit ging, und wie sehr um Politik und Macht. Allerdings wäre der Einsatz dieses Textes verfehlt, wenn er sich mit einem antikirchlichen Effekt zufriedengeben würde.

Es war Kaiser Friedrich II., der bei seinem „Kreuzzug" ohne Kriegswerkzeug und ohne Blutvergießen alle einstigen Angebote Saladins, ja weit darüber hinaus alle den Christen geheiligten Plätze, dazu freien Zugang für alle christlichen Pilger zu Jerusalem in voller Gleichberechtigung und gegenseitiger Achtung mit den Muslimen und Juden, die alle hier ihre heiligsten Stätten haben, durch feierlich beschworenen Friedensvertrag mit Sultan al-Kamil, Saladins Neffen, empfing. Damit ist das „Werk glücklich vollbracht", läßt er seinem Heer durch Hermann von Salza verkünden, „das seit langen Zeiten keiner der Fürsten und Gewaltigen des Erdenrunds weder durch die Menge des aufgebotenen Volks noch durch Furcht oder andere Mittel zu vollbringen vermochte". Doch der ausgezogen war und das hohe Ziel erreicht hatte, „die Herzen getrennter Völker zu einen" – er wird gerade damit zur Zielscheibe des Heiligen Vaters in Rom. Ein derartiger Erfolg, der den vom Papsttum unter Einsatz äußerster Mühen und Mittel, unter Aufbietung ungeheurer Menschenmassen und Menschenverluste im Namen Gottes zwecks „Befreiung des Heiligen Grabes" entzündeten Weltbrand peinlicherweise mit den feierlich beschworenen Friedensverträgen zur Befreiung und Sicherung des Heiligen Grabes dazu, ohne Menschenverluste, austritt – gerade dies treibt den Haß des obersten Hirten der Christenheit zur Weißglut. Allein – er läßt es mit Bannfluch und Toterklärung des siegreichen Kaisers, dessen Königreich Sizilien er durch seine „Schlüsselsoldaten" überfallen läßt, dessen Untertanen er von ihren ihm geschworenen Eiden löst, nicht bewenden – er fordert heimlich sogar seinen eigenen Todfeind, den Sultan der „Ungläubigen", auf, Friedrich das Heilige Grab nicht herauszugeben und – Gipfel apostolischer Entwürdigung – bereitet mit den Templern einen Mordanschlag auf den Kaiser vor, während der sich zur Taufstelle am Jordan begeben wird. Der muslimische Sultan persönlich ist es, der dem Kaiser des Heiligen Römischen Reiches das Leben rettet: „Angeekelt von diesem niederträchtigen Verrat", sende er ihm das mit dem Siegel des Ordensmeisters der Templer versehene, verräterische Schriftstück zu. Vor seiner Heimreise macht sich die kirchliche Wut über den Friedens- und Gleichberechtigungsvertrag Luft durch Verhängung des Interdikts über Jerusalem und das Schweigen aller Glocken, solange Friedrich sich dort aufhält, und durch Schleudern von Kot auf den Kaiser und das abziehende Heer.

Aus: S. Hunke, Allah ist ganz anders, S. 30/31

Mit **Phase 3** wird eine Aktualisierung versucht. Es wäre nicht redlich, sich mit der historischen Perspektive zu begnügen. Die Zugriffe des Abendlands auf das Morgenland, des Westens auf den Osten, dauern an und beeinflussen das Denken in beiden Religionen. Die Aktualisierung wird sich im wesentlichen im Gespräch vollziehen und an drei kleinen Impulsen entlanggehen, der Karikatur (Mat. 41) und den beiden Begriffen „Kolonialismus“ und „Wirtschaftsimperialismus“.

Damit kann die Stunde abgeschlossen sein. Nur weil die Schüler der Klassen 7 häufig schon in Geschichte die Entstehung des Islam bearbeitet haben und dabei nicht selten die Betonung auf dem sogenannten Arabersturm, der Eroberung vor allem Nordafrikas und Spaniens, und der Schlacht von Tours und Poitiers als der Rettungstat Karl Martells lag, sollte auch dies angesprochen und wenn nötig korrigiert werden. Wenn dieser Unterrichtsstoff den Schülern nicht mehr gegenwärtig ist oder wenn die Ereignisse sachgemäß dargestellt worden sind, kann diese Phase entfallen. Die **Hausaufgabe** (Mat. 42) nimmt das Generalthema dieser Stunde auf und vertieft es.

Mat. E

Wilhelm von Tyrus, Die Eroberung der Stadt Jerusalem

Sofort durchzogen der Herzog und die Seinen in geschlossenen Gliedern, die Schwerter zückend und mit Schilden und Helmen gedeckt, die Straßen und Plätze der Stadt; alle Feinde, die sie finden konnten, streckten sie mit der Schärfe des Schwertes nieder, ohne auf Alter oder Rang Rücksicht zu nehmen. Und es lagen überall so viele Erschlagene und solche Haufen abgehauener Köpfe umher, daß man keinen anderen Weg oder Durchgang mehr finden konnte als über Leichen. Und unsere Fürsten waren mit einer unermeßlichen Menge Volkes, das, ohnedies mordlustig, nach dem Blute der Ungläubigen besonders dürstete, auf verschiedenen Wegen, Unzählige niedermetzelnd, schon beinahe bis zur Mitte der Stadt gelangt, als der Graf von Toulouse und die übrigen Fürsten, die bei ihm waren, noch immer den Streit am Berge Zion fortsetzten und nichts davon wußten, daß die Stadt erobert und der Sieg in den Händen der Unsern sei.

Endlich machten das furchtbare Getöse und das große Geschrei, welches sich von dem Eindringen der Unsern und dem Niedermetzeln der Feinde erhob, die Stadtbewohner, welche hier Widerstand leisteten, aufmerksam. Sie fragten sich verwundert, was das ungewöhnliche Geschrei und der Tumult des lärmenden Volkes zu bedeuten habe, und erfuhren nun, daß unser Heer bereits in der Stadt sei, worauf sie die Türme und die Mauern verließen und sich nach verschiedenen Orten flüchteten, um ihr Leben zu retten. Da die Stadtburg in der Nähe stand, begaben sie sich größtenteils dorthin; nun drang das Heer über die Brücke, die es ohne Schwierigkeiten nach der Mauer hinüberlegen konnte, und auf Leitern um die Wette in die Stadt, wo niemand mehr Widerstand leistete. Sobald diese Leute in der Stadt waren, öffneten sie das Südtor, das ihnen zunächst lag, damit das übrige Volk ohne Schwierigkeiten hereinkommen könne.

Es drangen also in die Stadt der hervorragende und entschlossene Graf von Toulouse, Isoard, Graf von Dié, Raimund und Pelet, Wilhelm von Sabran, der Bischof von Albara und viele andere Edle, deren Namen und Anzahl uns nicht überliefert worden sind. Diese alle zogen einmütig, bis an die Zähne bewaffnet, in geschlossenen Gliedern durch die Stadt und richteten ein furchtbares Blutbad an. Diejenigen Feinde, welche dem Herzog und den Seinen entkommen waren und dem Tod entfliehen zu können meinten, wenn sie sich nach anderen Seiten der Stadt wendeten, fielen nun diesen in die Hände und gerieten so aus den Strudeln der Charybdis in die der Scylla. Es wurden aber in der Stadt so viele Feinde erschlagen und so viel Blut vergossen, daß die Sieger selber mit Ekel und Schrecken erfüllt werden mußten.

Der größte Teil der Bevölkerung hatte sich nach dem Tempelhof geflüchtet, weil dieser in einem entfernten Teil der Stadt lag, auch mit einer Mauer, mit Türmen und starken Toren verwahrt war. Diese Flucht brachte den Leuten wahrlich keine Rettung; denn sogleich begab sich Herr Tankred mit dem größten Teil des Heeres dorthin. Er brach mit Gewalt in den Tempel ein und machte Unzählige nieder. Er soll auch eine unermeßliche Menge von Gold, Silber und Edelsteinen weggenommen, nachher jedoch, als das Getümmel sich gelegt hatte, alles an den alten Platz zurückgebracht haben. Sofort gingen auch die übrigen Fürsten, nachdem sie niedergemacht hatten, was ihnen in den anderen Stadtteilen unter die Hände gekommen war, nach dem Tempel, hinter dessen Einfriedung sich die Bevölkerung geflüchtet hatte. Sie drangen mit einer Menge von Reitern und Fußgängern hinein und stießen, was sie dort fanden, mit den Schwertern nieder, ohne jemanden zu schonen, und erfüllten alles mit Blut.

Es geschah sicherlich nach gerechtem Urteil Gottes, daß die, welche das Heiligtum des Herrn mit ihren abergläubischen Gebräuchen entweiht und dem gläubigen Volk entzogen hatten, es mit ihrem eigenen Blut reinigen und den Frevel mit ihrem Tode sühnen mußten ... Im Tempelbezirk sollen an die zehntausend Feinde umgekommen sein, wobei also die, welche da und dort in der Stadt niedergemacht wurden und deren Leichen in den Straßen und auf den Plätzen umherlagen, noch nicht gerechnet sind, denn ihre Zahl soll nicht geringer gewesen sein.

Der übrige Teil des Heeres zerstreute sich in der Stadt, zog diejenigen, welche sich in engen und verborgenen Gassen versteckt hatten, um dem Tod zu entrinnen, wie das Vieh hervor und stieß sie nieder. Andere taten sich in Scharen zusammen und gingen in die Häuser, wo sie die Familienväter mit Frauen und Kindern und dem ganzen Gesinde herausrissen und entweder mit den Schwertern durchbohrten oder von den Dächern herabstürzten, daß sie den Hals brachen...

Als endlich auf diese Weise die Ordnung in der Stadt hergestellt war, legten sie die Waffen nieder, wuschen sich die Hände, zogen reine Kleider an und gingen dann demütig und zerknirschten Herzens, unter Seufzen und Weinen, mit bloßen Füßen, an den ehrwürdigen Orten umher, welche der Erlöser durch seine Gegenwart heiligen und verherrlichen mochte, und küßten sie in größter Andacht. Bei der Kirche zu den Leiden und der Auferstehung des Herrn kamen ihnen sodann das gläubige Volk der Stadt und der Klerus, welche beide seit so vielen Jahren ein unverschuldetes Joch getragen hatten, voll Dankes gegen ihren Erlöser, der ihnen wieder die Freiheit geschenkt, entgegen und geleiteten sie unter Lobliedern und geistlichen Gesängen nach der vorgenannten Kirche.

Aus: D. Steinwede (Hrsg.), Erzählbuch zur Kirchengeschichte; übersetzt von E. und R. Kausler

15. Stunde: Angst vor dem Islam?

A Methodisch-didaktische Vorbemerkungen

Diese Stunde hat es mit vielfältigen Schwierigkeiten zu tun: Da ist zum einen die nicht gering zu schätzende Aufgabe, latente Ängste so bewußt zu machen, daß sie von den Schülern als ihre Ängste erkannt und angenommen werden. Nur dann kann mit ihnen auch umgegangen werden. Dann ist da die Schwierigkeit, den Begriff Scharija sachgerecht einzubringen. Dahinter steht der kaum überschaubare Bereich islamischen Rechts und islamischer Rechtsprechung. Der Versuch, exemplarisch an Hand von zwei oder drei Staaten islamische Rechtsprechung vorzustellen, scheitert an der Rechtswirklichkeit: Das codifizierte Recht ist nicht mit der praktizierten Rechtsprechung identisch. Hinzu kommt eine rasante Veränderung. Was gestern in diesem oder jenem Staat gegolten hat, gilt heute nicht mehr. Mit anderen Worten: Lehrer und Schüler sind überfordert. Mehr noch als an anderer Stelle gilt hier, daß wir vor einer verwirrenden Vielfalt stehen, die es gilt, zur Kenntnis zu nehmen. Eine Aussage, die zu dieser Zeit für diesen Staat Gültigkeit besitzt, gilt für jenen Staat oder zu jener Zeit schon nicht mehr.
In der Verlaufsbeschreibung soll versucht werden, dem Lehrer stichwortartig und beispielhaft diesen oder jenen Einblick zu vermitteln. Diese schlagwortartigen Zusammenfassungen sind nicht für die Schüler gedacht.
Auch hier besteht die Gefahr, daß Schüler vor allem von grausamen Strafen hören wollen. Das kann nicht Sinn dieser Stunde sein.

B Ziele der Stunde

In dieser Stunde sollen die Schüler
- sich ihrer latenten Ängste vor dem Islam bewußt werden und sich über ihre manifesten und latenten Ängste aussprechen können;
- einiges über die Scharija, der „Rechtleitung“, dem sogenannten islamischen Recht erfahren;
- verstehen lernen, daß die islamische Gesellschaft eine weit gefächerte Gesellschaft mit ganz unterschiedlichen und teilweise konkurrierenden Auffassungen darstellt;
- lernen, was unter dem islamischen Fundamentalismus verstanden wird und
- daß die Angst vor dem Islam in der Irrationalität gründet.

C Stundenverlauf

Phase 1 beginnt mit einer Bildbetrachtung (Mat. 43). Den Schülern wird die sich anschließende Zielfrage nach unseren Ängsten überraschend sein, aber dann durchaus angemessen und interessant vorkommen. Ganz allgemein lassen sich die Gründe dieser Ängste vor dem Islam etwa so zusammenstellen:

1. Muslime bekennen sich selbstverständlich und öffentlich – etwa mit ihrer Gebetspraxis – zu ihrer Religion. Christen fühlen sich überfordert, ihre christliche Identität in ähnlicher Weise zu leben.
2. Die Angst des Abendlands vor dem Islam ist auch die Angst des Alten vor dem Jungen, des Müden vor dem Kraftvollen, des Abgeklärten vor dem Begeisterten.
3. Die Angst der Christen gründet in der Rationalität des Islam, die auffällt und beeindruckt. Lehren wie z.B. die Dialektik von Gesetz und Evangelium, Trinität und Zweinaturenlehre sind dem Islam unbekannt.
4. Die Angst der Christen gründet sich in der moralischen Kraft des Islam, der z.B. den Alkohol gebannt hat oder eine strenge Sexualmoral vertritt.
5. Die kirchliche Angst vor dem Islam nährt sich auch aus der Beobachtung, daß geistliche und weltliche Macht im Islam enger verbunden sind und deshalb eine größere Durchsetzungskraft besitzen.
6. Die Angst der westlichen Welt vor dem Islam ist auch die Angst der Reichen vor den Armen, die den Reichen etwas wegnehmen wollen.

(Zum Thema Angst vor dem Islam vgl. Carsten Colpe „Historische und theologische Gründe für die abendländische Angst vor dem Islam" in „Problem Islam", Athenäum Verlag, Frankfurt/M 1989, S. 11–38). Die kleine „Bemerkung" (Mat. F) soll zeigen, daß sich Muslime durchaus ihrer religiösen Kraft mit Stolz bewußt sind.

Phase 2 beschäftigt sich mit dem Begriff Scharija, der unseren Schülern zumeist nur als Berechtigung für Auspeitschung, Steinigung oder Handabhacken bekannt ist.

Der Lehrer sollte wissen:
1. Scharija meint die „Rechtleitung", wörtlich „den deutlichen Weg, dem man folgen soll (zur Oase, zur Quelle)".
2. Die Scharija ist nach islamischer Auffassung eine der großen Gnadengaben Gottes.
3. Die Scharija speist sich aus dem Koran, dem Hadith und den Interpretationen der Rechtsgelehrten. Dabei wird im Koran unterschieden zwischen dem, was Mohammed als Gesandter Gottes verkündet hat – diese Anweisungen sind verpflichtend –, und Ratschlägen, die er als Staatsoberhaupt gegeben hat. Diese Ratschläge sind nicht verpflichtend.
4. Auch die Naturgesetze sind ein Teil der Scharija.
5. Die Scharija ist bis heute nicht allgemein verbindlich fixiert worden.
6. Im Gegensatz zum abendländischen Recht, das verpflichtend ist, haftet dem islamischen Recht die Qualität der Empfehlung, des Ratschlags an. Man kann so handeln, muß es aber nicht. Zum Beispiel wird die Konversion vom Islam zum Christentum mit dem Tod bedroht, was aber u.W. seit Jahrzehnten nicht praktiziert worden ist.

Die Problematik islamischer Rechtsprechung soll an zwei Beispielen, der Türkei und Pakistans, entfaltet werden:

Für die Türkei gilt: Sie ist nach ihrer Verfassung ein laizistischer Staat. Die Religionsgemeinschaften dürfen auf die Gesetzgebung keinen Einfluß nehmen. Die Exekutive hat sich um Neutralität zu bemühen. Dennoch wird z.B. christliche Missionstätigkeit immer wieder behindert und mit Strafen belegt. Die zuständigen staatlichen Stellen bezeichnen ebenso wie die Rechtsgelehrten solche Behinderungen durch die Exekutive als illegal. Artikel 26 der Staatsverfassung lautet: „Jeder hat das Recht, seine Gedanken und Meinungen zu äußern und zu verbreiten mit Worten, geschriebenen Texten oder mit Bildern, auch durch die verschiedenen Medien, sowohl als einzelner wie auch als Gruppe." Der Artikel 175 garantiert die Gewissensfreiheit. Er sieht sogar Strafen vor für diejenigen, die religiöse Veranstaltungen verhindern oder Geistliche verbal oder tätlich angreifen. In Artikel 163 wir die Errichtung einer islamischen Theokratie in der Türkei mit Hochverrat gleichgesetzt. So fallen Verfassungswirklichkeit und Alltagspraxis weit auseinander. Die befragten staatlichen Stellen bestätigen diese Kluft und erklären sie mit antisäkularen Kräften in der Türkei.

Für Pakistan gilt: Im September 1990 machte dieser Staat Schlagzeilen in der Weltpresse, weil mit der „Qisas- und Diyat-Verordnung" (Qisas wörtlich „Analogie"; Diyat etwa „Entgelt", „Blutgeld") von Präsident Khan eine Annäherung an konservativ islamisches Recht vorgenommen wurde. Als die Nationalversammlung drei Monate später diese Verordnung bestätigte, war u.a. Wiedervergeltung möglich, wenn der Angeklagte gestanden hatte oder wenn vier erwachsene männliche und muslimische Augenzeugen die Tat bestätigten. Damit wurde es möglich, das archaische Auge-um-Auge-Zahn-um-Zahn-Prinzip partiell wieder anzuwenden. Wenn das Opfer auf die Vollstreckung der Körperstrafe verzichtet, muß der Verurteilte ein Blutgeld bezahlen. Für einen Toten schreibt das Gesetz eine Mindestentschädigung von 170 000 Rupien vor, das sind etwa DM 12 000.– . Ein abgetrennter Finger kostet etwa DM 1200.– , ein ausgeschlagener Zahn DM 600.– . Im Klartext heißt dies, daß reiche Täter sich freikaufen können, während arme, die das Blutgeld nicht aufbringen können, eine Körperstrafe erleiden müssen. Mit großer Entrüstung haben sich verschiedene Gruppen in Pakistan gegen diese Verordnung gewandt, so z.B. die Transportarbeiter, Lkw-, Bus- und Taxifahrer, weil die Anwendung dieses Gesetzes für sie den wirtschaftlichen Ruin oder gar die Hinrichtung bedeuten könnte. Ähnlich gefährdet sahen sich die Ärzte. Auf der anderen Seite sind die Ärzte diejenigen, welche Strafen wie Amputationen auszuführen hätten. Auch dagegen gab es Proteste. Zur Zeit gibt es in Pakistan drei Rechtssysteme nebeneinander: Die üblichen Gerichte, die auf der Grundlage der Gesetze aus der Kolonialzeit Recht sprechen, Sondergerichte, die vor allem für Schnellverfahren zuständig sind, und die Scharijagerichte. Ein Angeklagter kann ganz unterschiedlich bestraft werden, je nachdem, vor was für ein Gericht er gestellt wird. Interessant und wichtig für den Unterricht ist, daß der Council of Islamic Ideology im Jahr 1989 empfohlen hat, Körperstrafen abzuschaffen, da sie dem Ansehen des Islam abträglich seien.

Vor diesem Hintergrund wird der Lehrer Fragen seiner Schüler zumindest mit dem Hinweis auf die vielen Aspekte islamischer Rechtswirklichkeit beantworten können. Mag auch im Islam die Einheit von geistlicher und politischer Macht angestrebt werden, so sind doch die Konkretionen kaum weniger vielfältig als im christlich-abendländischen Bereich. Die Materialien 44 und 45 („Auspeitschung" und „Angst vor dem Islam") führen in diese komplizierte Gemengelage ein, wobei das Bild zusätzlich noch einen Bezug zur europäischen Tradition verdeckt enthält.

Und was in der koranischen Hochreligion klar durchdacht und akzeptabel erscheint, das manifestiert sich auf der Ebene des

Volks-Islam als magischer Gebrauch des Namens Gottes, als Dämonenglaube und Dschinn-(Wüstengeister)-Anbetung, als Buchstabenglaube, als Fetisch- und Heiligenverehrung oder als Zauberei. Entsprechend reagieren die einen Muslime mit großer Abscheu, die anderen mit leidenschaftlicher Zustimmung; insgesamt nicht anders als im analogen Fall im Christentum.
Der Hinweis darauf, daß in Pakistan die Gestelle, die zur Auspeitschung benutzt werden, aus der Kolonialzeit stammen, entbehrt nicht einer gehörigen Portion Ironie und verweist auf die Schuld, die das Christentum in seiner Geschichte und in der Gegenwart auf sich geladen hat und lädt.

Phase 3 beschäftigt sich mit dem islamischen Fundamentalismus, der ebenfalls für viele Menschen im Westen angstauslösend wirkt, und das um so mehr, als sie den Islam nur in seiner fundamentalistischen Prägung kennen. Die Medien schüren diese Ängste, indem sie den Islam fast nur so darstellen. Hier wird versucht, eine kurze und doch sachgemäße Unterrichtung durch eine Textarbeit (Mat. 46) zu erreichen.

Auch wenn die **Phase 4** kurz und bündig unterrichtet werden kann und wie in einem Brennglas das Hauptthema der Stunde, die Angst vor dem Islam, zusammenfaßt, muß davon ausgegangen werden, daß diese „Stunde" im allgemeinen nicht in 45 Minuten abgehandelt werden kann. Der Lehrer sei ermutigt, sich die nötige Zeit zu nehmen, und wenn das Schülerinteresse es verlangt, auch eine zweite oder dritte Unterrichtsstunde dranzugeben.
Mit Hilfe der Graphik „Welt des Islam" (Mat. 47) soll die Ausdehnung dieser Weltreligion erneut vor Augen geführt werden: Der Islam dehnt sich von „Dakar bis Djakarta" und darf nicht auf die arabischen Staaten eingeengt werden.
Die „Religionsstatistik" (Mat. 48) zeigt, daß viel eher die Muslime vor den Christen Angst haben müßten als umgekehrt.

Die **Hausaufgabe** versucht noch einmal unter dem Aspekt Algerien (Mat. 49), die Ängste und Angstmotive des Westens den Schülern kritisch zu verdeutlichen.

Mat. F

Aus einem Reisebericht der Kommission für Ausländerfragen der EKD

In Ankara sagt der Präsident des Amtes für religiöse Angelegenheiten, Herr Altikulac: „Hören Sie den Muezzin? In dieser Minute rufen 55 000 Gebetsrufer in der Türkei zum Gebet." 1972 gab es 42 750 Moscheen und Gebetsstätten. Allein 1973 waren 355 Moscheen im Bau. Damals standen 30 000 offizielle Imame den Gemeinden zur Verfügung. „Zurzeit sind es 60 000, die vom Amt für religiöse Angelegenheiten angestellt sind. In zwei bis drei Jahren werden es 80 000 sein."

Aus: EZW-Texte, Information Nr. 98, VI 1986, S. 8

16. Stunde: Die Stellung der Frau im Islam

A Methodisch-didaktische Vorbemerkungen

Bei diesem Thema trägt der Lehrer in besonderer Weise Verantwortung. Diesmal geht es nicht nur um die Korrektur von Vorurteilen, sondern auch um die Aufklärung, was die Ehe mit einem Muslim für die westlich geprägte Partnerin bedeuten kann. Diese Aufklärung wird in einer deutlichen Aufforderung gipfeln, sich gegebenenfalls eingehend zu informieren, u.U. sogar in einer Warnung. Der Kollege, der – in welcher Weise auch immer – mit der Not westlicher Frauen im Orient konfrontiert war, wird das Gewicht dieser Verantwortung nicht geringschätzen.
Naturgemäß sind bei diesem Thema vor allem die Schülerinnen angesprochen. Sie fühlen eine gewisse Solidarität mit den muslimischen Frauen und vergleichen die eigene mit deren Situation. Nicht nur der Blick auf die Stellung der Frau in der Bibel und in der christlich-abendländischen Geschichte verbietet es, vollmundig über die Festlegungen im Islam herzufallen. Auch die üblichen finanziellen Konstruktionen gewähren einer Frau im Islam erstaunliche Freiheit und Selbständigkeit. Die Warnung darf nicht mit pauschalen Vorurteilen begründet werden.

B Ziele der Stunde

In dieser Stunde sollen die Schüler
- übliche Vorurteile in unserer Gesellschaft über die Stellung der Frau im Islam wahrnehmen;
- einen sachgemäßen Maßstab finden, um die Aussagen des Korans zu diesem Thema zu beurteilen;
- die Aussagen des Korans und die Intention Mohammeds kennen und würdigen lernen;
- das eigene Urteil durch einen Blick auf Bibel und Geschichte des Christentums zu relativieren lernen;
- die wichtigsten Bestimmungen in einem modernen islamischen Ehevertrag kennenlernen und so gewarnt werden, unüberlegt die Ehe mit einem Muslim einzugehen.

C Stundenverlauf

In **Phase 1** werden die Schüler bei ihren Vorurteilen abgeholt. Die Vorurteile werden gesammelt und durch das Bild von Benazir Bhutto (Mat. 50) problematisiert: So einfach scheint es nun doch nicht zu sein, daß alle Frauen im Islam benachteiligt und unterdrückt sind...

Phase 2 bemüht sich um einen Beurteilungsmaßstab, wobei ein Maßstab (Zitat) vorgestellt und besprochen wird. Erst wenn der Maßstab anerkannt worden ist, beschäftigt sich die Gruppe mit den ausgewiesenen Koranstellen (Mat. G). Zunächst geht es nur um die Herausarbeitung der Inhalte. Dann soll das islamische Flugblatt „Mohammed, der Befreier der Frauen“ (Mat. 51) vorgelegt werden. Auch wenn dies Blatt eine eindeutige Absicht verfolgt, belegt es doch, daß so offen und respektvoll im zeitgenössischen Islam von den Frauen gedacht wird. Mirza Mahmud Ahmad ist identisch mit Mirza Ghulam Ahmad (1839 – 1908) dem Begründer der Ahmadiyya, einer eher mystischen Gruppe innerhalb des Islam, die im indischen Pundjab entstanden ist. Das Ergebnis muß sein, daß die Aussagen des Korans, obwohl sie heute gewiß nicht genügen, einen großen Fortschritt im Vergleich zur Stellung der Frau in vorislamischer Zeit darstellen und eine Tendenz vorgeben, die weitergedacht zu einem recht modernen Frauenbild führen. Wie das Flugblatt zeigt, fühlen sich Muslime einer solchen Weiterentwicklung der Intentionen Mohammeds verpflichtet.

Phase 3 versucht durch Gegenüberstellung eines konservativen Ehevertrags aus dem Jemen (Mat. 52) mit Formulierungen aus dem türkischen Zivilrecht (Mat. 53) die Breite des Möglichen vorzustellen. Den Schülern muß klar werden,

- daß es im islamischen Eherecht niemals um „Frauenkauf" ging oder geht, auch wenn von Geld im Zusammenhang mit der Eheschließung die Rede ist. Der – meist zwischen den Familien von Braut und Bräutigam – ausgehandelte Geldbetrag wird zur Hälfte am Tag der Eheschließung der Braut (!) zur alleinigen Verfügung übergeben und sichert sie finanziell. Die andere Hälfte wird bei einer Scheidung fällig und stabilisiert so die Ehe. Diese Bedingungen fallen bei einer europäischen Eheschließung weg und schwächen die Stellung der Frau gravierend. Die muslimische Frau ist häufig wirtschaftlich unabhängiger und damit freier als die christliche Frau, was ganz besonders für die Vergangenheit gilt;
- daß der Ehevertrag ein lebendiges Dokument ist. Eine europäische Frau kann z.B. aufnehmen lassen, daß sie mit ihrem islamischen Mann monogam leben will.

Mit der folgenden Zusammenstellung von W. Höpfner sollen die Bedingungen genannt werden, auf die sich eine deutsche Frau fast immer einlassen muß, wenn sie einen islamischen Orientalen heiratet:

W. Höpfner, Einige Gedanken zur christlich-islamischen Ehe

1. Eine mit einem Moslem geschlossene Ehe untersteht dem moslemischen **Eherecht** des Landes, aus dem der Betreffende kommt.

2. Mit Ausnahme der **Türkei und Tunesien**, wo die Vielehe verboten ist, kann der Mann bis zu vier Frauen heiraten. Eine Zustimmung der jeweiligen Ehefrau ist hierfür nicht erforderlich.
Im allgemeinen heiratet man – nicht zuletzt aus finanziellen Erwägungen – nur eine Frau. Wenn diese aber kinderlos bleibt, entschließt sich der Mann oft zu einer **Mehrehe**.

3. Die Frau kann sich nur äußerst selten scheiden lassen. Der Mann dagegen hat es leicht, **die Scheidung** durchzusetzen. Das Recht steht im Orient auf seiten des Mannes.

4. **Die Religion der Kinder** *richtet sich nach der des Vaters. So werden die Kinder in einer islamisch-christlichen Ehe Moslems.*

5. *Die christliche Frau entschließt sich oft zum* **Übertritt zum Islam**, weil sie als Christin nach dem Tode ihres moslemischen Mannes nicht berechtigt ist, am Erbe teilzunehmen und ihr auch das Recht verwehrt ist, ihre eigenen (moslemisch werdenden) Kinder zu erziehen. Selten geschieht der Übertritt zum Islam aus echter Glaubensüberzeugung.

6. Die islamische Tradition sowie **der Einfluß von Sippe und Familie** des Mannes bestimmen das Leben der beiden Partner. Der Einfluß der Sippe geht soweit, daß diese nicht selten über die Einkünfte des Mannes mit verfügt. (Besonders, wenn der Mann auf Kosten der Familie im Ausland studiert hat.)

7. Die deutsche Frau findet selten Verständnis für ihre Art der **Kindererziehung**, die dem Orientalen zu streng erscheint.

8. **Das gesellschaftliche Leben wird vom Manne bestimmt.** Er vertritt die Fa-

milie nach außen und verlangt von seiner Frau absoluten Gehorsam. Er bestimmt, wann sie ausgehen oder verreisen darf. Selbst das Paßamt wird ihr keine Genehmigung zur Ausreise geben, wenn nicht eine schriftliche Erlaubnis von seiten ihres moslemischen Mannes vorliegt.

9. Der orientalische Mann kann seinen während seines Aufenthaltes in Europa übernommenen **westlichen Lebensstil** nicht in seiner Heimat beibehalten. Er muß sich den bestehenden Ordnungen anpassen und wieder ganz Orientale sein, oft sehr zur Überraschung seiner Frau, die ihn in Deutschland anders erlebt hatte.

10. Die Frau muß sich anpassen lernen, d.h. sie muß die oft schwere orientalische Sprache erlernen, die andersartige Haltung des Orientalen zur Frau akzeptieren und ein **positives Verhältnis zur Religion, Kultur und Politik** ihrer neuen Umgebung finden.

Bei allem Willen zur Anpasung muß jedoch gesagt werden, daß **nur wenige solcher bikulturellen Ehen** gelingen. Der tiefe Graben, der die Partner hinsichtlich der geographischen, klimatischen, soziologischen und religiösen Bedingungen voneinander trennt, kann im Rahmen einer Ehe nicht übersprungen werden. Hier wird die Verschiedenartigkeit zur Qual, so daß Scheidung oder Flucht für die westliche Frau oft der einzige Ausweg zu sein scheinen.

Mit dem Gesagten wollen wir die orientalischen Verhältnisse nicht abwerten, vielmehr soll deren Andersartigkeit herausgestellt werden. Dies sollten beide Partner vor einer beabsichtigten Eheschließung bedenken.

Aus: Orientdienst-Informationen Wiesbaden, 81/1983

Zum Schluß soll mit **Phase 4** das Thema zwar nicht verlassen werden, aber doch ein eher heiteres Ende finden. Der Tschador wird von einer westlichen Journalistin überraschenderweise nicht als verunstaltende Plage iranischer Frauen beschrieben, sondern als große Freiheit.

In der **Hausaufgabe** (Mat. 54) kommen zwei Muslima zu Wort, die ihr Frausein im Islam beschreiben. Beide Aussagen müssen unter dem Gesichtspunkt bewertet werden, daß sie von Frauen stammen, die im Westen leben und arbeiten, bzw. studieren.

Zu Betty Mahmoody „Nicht ohne meine Tochter“

Buch und Film haben ein breites Publikum gefunden und Vorurteile gegenüber dem Islam in sträflicher Weise verstärkt. Immer noch beziehen viele Schüler ihre Islamkenntnisse aus diesem Buch bzw. dem entsprechenden Film. Wenn das so im Unterricht offenbar werden sollte, sei dem Kollegen empfohlen, Betty Mahmoodys Buch in einem Schülerreferat vorstellen zu lassen. Möglicherweise gibt es auch Schüler, die bereit sind, auf der Grundlage einer Gegenveröffentlichung ein Korreferat zu halten, z.B. von:

Mostafa Arki, Das Andere anders sein lassen,
verlegt vom Internationalen Kulturwerk, Kirchstr. 36, 3200 Hildesheim-Achtum
(im Buchhandel erhältlich).

Eine größere Unternehmung wäre ein Referat zur Stellung der Frau im Islam auf der Basis des Buches:

Jehan Sadat,
Ich bin eine Frau aus Ägypten,
Taschenbuch,
Wilhelm Heine Verlag München.

Es handelt sich bei Jehan Sadat um die Frau des ermordeten Staatspräsidenten von Ägypten Anwar el-Sadat, die hier ihre Autobiographie vorlegt.

Wer einen kurzen Text für die Arbeit im

Unterricht sucht, kann mit folgendem Flugblatt arbeiten, das zwei Frauen verfaßt haben, die zum „Verband bi-nationaler Familien und Partnerschaften – Interessengemeinschaft der mit Ausländern verheirateten Frauen e.V., Haussmannstr. 6, 7000 Stuttgart 1“, gehören. Dieses argumentative Flugblatt wurde vor den Kinos verteilt, die den Film „Nicht ohne meine Tochter“ zeigten:

Betty Mahmoody „Nicht ohne meine Tochter“ – Buch und Film –Hetzkampagne gegen Iranerinnen und Iraner

Millionen Menschen haben es bereits gelesen, das Buch von Betty Mahmoody „Nicht ohne meine Tochter“. Mittlerweile ist es in 20 Sprachen übersetzt worden. Ein Bestseller, der seinesgleichen sucht. Und es ist meinungsbildend. Viele Leser und Leserinnen fühlen sich nach der Lektüre des Buches informiert. Nicht selten wird der Roman unter der Rubrik „Sachbücher“ geführt.

Seit Januar 1991 läuft die Verfilmung des Buches in US-amerikanischen Kinos, ohne große zeitliche Verzögerung nun auch hier.

Man hat es eilig, denn allzugut paßt das Thema in die heutige Zeit. Spätestens seit der Golfkrise, doch auch schon vorher, ist das Interesse am Islam, v. a. seiner radikalen fundamentalistischen Ausprägung erwacht. Nach Beendigung des Kalten Krieges wurde ja schließlich ein neues Feindbild benötigt, und es ist gefunden worden. Der Iran eignet sich dabei, durch seine Vorreiterrolle in bezug auf diese Radikalisierung, als Feindbild ganz besonders. Und allzuviele Frauen gehen Beziehungen zu Männern aus diesem Kulturkreis ein. Das schürt Ängste. Begriffe wie „Mischehe“ und „Rassenschande“ sind zwar der faschistischen Terminologie entnommen, doch verbinden viele auch heute in der BRD noch durchaus etwas damit. Manche Frauen gehen Beziehungen zu Männern aus anderen Kulturkreisen so blauäugig wie Betty Mahmoody ein. Unbestritten! (Männer ebenfalls, auch wenn dies kein Thema für einen Roman zu sein scheint). Information tut not. Doch die Informationen, die Betty Mahmoody liefert, sind sehr dürftig. Ihr ging es nach eigenen Aussagen darum, ihre ‚story‘ zu erzählen, ein traumatisches Erlebnis aufzuarbeiten (Mona Lisa 3.3.91). Und das unreflektiert und voller Haß. Einem Haß, der verständlich ist nach dem, was sie erlitten hat. Einem Haß, der blind macht. Der jedoch bei ihr gepaart ist mit dem Gefühl, einer Nation anzugehören, die eindeutig als höherwertig angesehen und in keinster Weise hinterfragt wird.

So läßt sie sich zu diffamierenden Aussagen gegen Iraner und Iranerinnen hinreißen, die jeglicher realer Grundlage entbehren.

Alles, was sie in bezug auf Sauberkeit und Hygiene sagt, kann in der verallgemeinernden Art, angesichts des ausgeprägten Sauberkeits- und Hygienebewußtseins gerade der Menschen im Iran nur als bare Lüge bezeichnet werden.

Ebensowenig ist von irgendjemandem, der mit Iranerinnen und Iranern zu tun hat und/oder im Iran gelebt hat, jemals eine Eßszene, wie die von Betty Mahmoody beschriebene, erlebt worden.

Wenn sie dann noch suggeriert, daß quasi alle iranischen Männer ihre Frauen schlagen und die iranischen Frauen hoffnungslos unterdrückt sind, dann bestätigt sie ein Bild des Iran, das in den Köpfen der Menschen im Westen bereits vorgezeichnet ist und nur allzugerne akzeptiert wird: Das Bild einer minderwertigen „unzivilisierten“, ja „barbarischen“ Gesellschaft.

Es wird nicht differenziert zwischen dem menschen- und v. a. frauenverachtenden Regime der Ayatollahs, unter dem die Mehrheit der Iraner und Iranerinnen leidet und einer jahrhunderte alten Kultur, in der Werte wie Höflichkeit, Gastfreundschaft, Familienzusammenhalt und Achtung vor Älteren eine zentrale Rolle spielen. Die iranische Kultur wird pauschal verurteilt.
Dabei kann sich der Stil, in dem Betty Mahmoody bzw. William Hoffer ihr Buch geschrieben hat mit dem der schlechtesten Boulevardpresse und faschistischer Hetzblätter messen und disqualifiziert sie im Grunde selber.
Von einem Film, der dieses Buch zum Thema hat, ist auch nichts Besseres zu erwarten.

Wer sich tatsächlich über die iranische Kultur, insbesondere die Situation der iranischen Frauen und/oder bi-nationale Partnerschaften informieren möchte, kann eine Literaturliste dazu, ebenso wie ein zu diesem Flugblatt gehörendes ausführliches Positionspapier gegen einen frankierten Rückumschlag (Porto 1,40 DM) bei Martha Albinger und Uschi Kloke (Adresse s. u.) erhalten. Die Gegendarstellung von Mostafa Arki „Das Andere anders sein lassen" (Hrsg.: Internationales Kulturwerk Hildesheim e.V.) ist über den Buchhandel erhältlich. Weitere Informationen und Beratung erhalten Sie außerdem bei der IAF-Verband bi-nationaler Familien und Partnerschaften – Haussmannstr. 6 7000 Stuttgart 1 Tel. 07 11 / 2 15 51 78.

Mat. G

Koranworte zur Ehe

Aus Sure 4:

3 ... Dann heiratet, was euch an Frauen beliebt, zwei, drei oder vier. Wenn ihr aber fürchtet, (sie) nicht gleich zu behandeln, dann nur eine, oder was eure rechte Hand (an Sklavinnen) besitzt. Das bewirkt es eher, daß ihr euch vor Ungerechtigkeit bewahrt.
4 Und gebt den Frauen ihre Morgengabe als Geschenk. Wenn sie euch freiwillig etwas davon überlassen, so könnt ihr es verbrauchen, und es wird euch zur Freude und zum Wohl sein, 5 Und gebt nicht den Toren euer Vermögen, durch das Gott euch einen Unterhalt verschafft hat. Versorgt sie damit und kleidet sie, und sagt zu ihnen, was sich geziemt.

34 Die Männer haben Vollmacht und Verantwortung gegenüber den Frauen, weil Gott die einen vor den anderen bevorzugt hat und weil sie von ihrem Vermögen (für die Frauen) ausgeben. Die rechtschaffenen Frauen sind demütig ergeben und bewahren das, was geheimgehalten werden soll, da Gott es geheimhält. Ermahnt diejenigen, von denen ihr Widerspenstigkeit befürchtet, und entfernt euch von ihnen in den Schlafgemächern und schlagt sie. Wenn sie euch gehorchen, dann wendet nichts Weiteres gegen sie an. Gott ist erhaben und groß. 35 Und wenn ihr ein Zerwürfnis zwischen beiden (Ehepartnern) befürchtet, dann bestellt einen Schiedsrichter aus seiner Familie und einen Schiedsrichter aus ihrer Familie. Wenn sie sich aussöhnen wollen, wird Gott ihnen Eintracht schenken. Gott weiß Bescheid und hat Kenntnis von allem.

Aus Sure 33:
59 O Prophet, sag deinen Gattinnen und deinen Töchtern und den Frauen der Gläubigen, sie sollen etwas von ihrem Überwurf über sich herunterziehen. Das bewirkt eher, daß sie erkannt werden und daß sie nicht belästigt werden. Und Gott ist voller Vergebung und barmherzig.

Aus: Der Koran. Übersetzt von Adel Theodor Khoury

Mat. H

Elisabeth Kiderlen, Die Vorzüge der Verkleidung

Der Tschador, schwarze bedrohliche Stoffmassen, die die Frauen verhüllen und zu unattraktiven Krähen werden lassen, der Tschador, das frauenfeindliche Repressionsmittel par excellence – das ist immer das erste, was Europäern zum Iran einfällt. Alles falsch! Nicht daß ich jetzt dem Tschador als Schutzschild ewig gefährdeter Frauenwürde ein Hoheslied singen möchte, mit Sicherheit nicht. Mein Ansatz ist viel pragmatischer. Als Reisebekleidung sind der Tschador oder auch seine profane Variante, der knöchellange, weite Mantel, einfach perfekt.

Im Mantel und mit Kopftuch in einem Teheraner Hotel zu frühstücken, Mittag zu essen oder zu dinieren wirkt nur am ersten Tag befremdlich. Dann erschließen sich die praktischen Vorteile dieser Kleidung: Was man drunter trägt, ob gebügelt oder zerknittert, ob geflickt oder zerrissen, es ist egal. Außerdem sind auch sonst den Möglichkeiten keine Grenzen gesetzt. In welch anderem Land könnte eine Frau unauffällig im Bikini durch die Straßen laufen? Ein dünner, leichter Mantel darüber, blickfeste Strümpfe über die untersten Körperteile, und alle Sorgen, wie Temperatur, Anstand und Schönheit in Einklang zu bringen seien, sind erledigt. „Ich frag' mich im Sommer, wenn die Temperaturen über dreißig Grad klettern, immer, was die iranischen Frauen unten drunter tragen und ob überhaupt etwas", gesteht ein deutscher Geschäftsmann im Teheraner „Esteglal"-Hotel. Auch er macht sich so seine Gedanken.

Zum Beispiel: Abends um zehn bekomme ich von einem Journalistenkollegen einen Anruf, ob ich mit ihm noch einen Tee in der Lobby trinken wolle. Eigentlich gern, nur liege ich schon im Bett. Aber wir sind ja im Iran. Den Mantel über den Pyjama gezogen, und schon bin ich für einen Ausflug in die aufregende Welt des – zugegebenermaßen sehr beschränkten – Teheraner Nachtlebens gekleidet. Ob die anderen Damen, die so scheinbar harmlos in der Lobby plaudern, auch alle im Schlafanzug ihren Nachttee trinken? Oder gar im Negligé?

„Der Tschador", so schreibt der Reisebuchautor Edouard Sablier in seinem Iranführer 1963, „ist eine bequeme Kleidung für die Frauen des Kleinbürgertums, die sich nicht – wie ihre europäischen und amerikanischen Schwestern – zu fragen brauchen, was sie anziehen werden, bevor sie Einkäufe oder Besuche machen." Recht hat der Mann, nur warum muß er aus der Bequemlichkeit eine Klassenfrage machen? Geht es den wohlhabenden Damen des Teheraner Nordens nicht genauso wie den Kleinbürgerinnen und Arbeiterinnen des Teheraner Südens? Nirgends in der Welt habe ich so viele teure, exquisite

Mäntel gesehen wie in Teheran. Doch was tragen die reichen Damen in ihrem sorglosen Alltag darunter? Ich habe guten Grund, daran zu zweifeln, daß es genauso vollkommen und durchgestylt ist wie die Mäntel. „In Paris arbeiten Schneider exklusiv für den iranischen Mantelmarkt“, vertraut mir eine Dame der High-Society an. Die Verbindung von modischer Eleganz und islamischer Tugendhaftigkeit ist den französischen Nadelkünstlern voll gelungen. Teheran, das ist das Mantelparadies der Welt.
„Nur im Winter“, erzählt Faroukh, „wird es kompliziert. Man braucht einen dünnen Mantel fürs Restaurant und einen dicken für draußen.“ Nun ja, das mag etwas beschwerlich sein, insbesondere, da man sich zum erregenden Mantelwechsel einen intimen, unbeobachteten Ort suchen muß. Nicht ganz so begeistert fällt allerdings ein Loblied auf die im Iran vorgeschriebene weibliche Kopfbedeckung aus. Ein Kopftuch kann auch Martyrium bedeuten. Im Sommer kleben die Haare verschwitzt am Kopf, die Kopfhaut juckt.
Mein Kompromißvorschlag für die Mullahs: Mantel ja, Kopftuch nein. Aber diese pragmatische Lösung geht wohl an der ideologischen Wirklichkeit vorbei. So halten sich auch im Iran wie überall Freud und Leid die Waage.

Aus: DIE ZEIT vom 19.1.92

17. Stunde: Warum wir Christen sind

A Methodisch-didaktische Vorbemerkungen

In dieser Stunde geht es um Unterschiede und Gemeinsamkeiten, um Positionen und Wertungen und damit letztlich um die Voraussetzungen für einen Dialog zwischen Christentum und Islam. Da es pädagogisch unsinnig wäre, Positionen und Wertungen von außen an die Schüler heranzutragen, wird versucht, sie spielerisch dahin zu führen, Positionen zu beziehen und zu bewerten. Der Lehrer sollte sich als gleichberechtigter Partner an diesem Arbeitsgang beteiligen. Er wird in seiner Lehrerfunktion gefragt sein, wenn es im weiteren Verlauf darum geht, Unterschiede und Gemeinsamkeiten von Christentum und Islam zu bestimmen.
Bei aller Ermutigung zum Dialog müssen die gegenwärtigen Bedingungen dieses Gesprächs zwischen Islam und Christentum dem Lehrer bewußt sein:

- Zunächst muß man feststellen, daß, von ganz wenigen Ausnahmen abgesehen, ein solcher interreligiöser Dialog noch gar nicht stattgefunden hat.
- Für die breite Masse der Bevölkerung in der islamischen Welt gelten Christen als Ungläubige.
- Diese Aussage gilt umgekehrt genauso: Für die meisten Christen sind Muslime Ungläubige, Fremde, Fanatiker, Angehörige einer Religion, die kulturell und zivilisatorisch zurückgeblieben sind.
- Muslime schätzen ihre Religion als die endgültige, gottgewollte Religion ein, Muhammed als „das Siegel der Propheten“. Der Islam habe Antwort auf alle Fragen.
- Muslime leiden unter der Kolonialgeschichte, die ihnen ihre religiöse und kulturelle Unterlegenheit zu beweisen scheint.
- Wenn Christen von Dialog sprechen, meinen sie vor allem religiöse Fragen.

Muslime dagegen denken in erster Linie an praktische Fragen, politische Interessen, Rechtsfragen, Gestaltung des gesellschaftlichen Lebens.

B Ziele der Stunde

In dieser Stunde sollen die Schüler
- erkennen, daß ein Dialog den eigenen Glauben nur befruchten kann;
- die Unterschiede und Gemeinsamkeiten von Christentum und Islam wahrnehmen und dabei erstaunliche Nähen und große Distanzen erkennen.

C Stundenverlauf

Die **Phase 1** beginnt mit einer Bildbetrachtung (Mat. 55) und einem Zitat. Beide Impulse zielen auf die Frage, welches Gewicht ein interreligiöser Dialog zwischen Christentum und Islam haben kann und haben soll.
Schon hier muß deutlich werden, daß es nicht um die Nivellierung der Unterschiede, um eine Harmonisierung um der Harmonisierung willen gehen darf. Vielmehr betrügt man sich und den Gesprächspartner um den Sinn des Dialogs, wenn man die eigenen Überzeugungen nicht kennt, vorschnell zur Disposition stellt oder nicht argumentativ vertreten kann.

Phase 2 versucht eine spielerische Wahrnehmung der eigenen Positionen. Die Spielorganisation kann der Lehrer in vielfältiger Weise gestalten. Auf dem Stundenblatt ist vorgeschlagen, den kompletten Kartensatz (Arbeitsblatt 6) jedem Schüler zu geben. Eine andere Möglichkeit besteht darin, Schülergruppen ins Gespräch untereinander zu bringen, indem sie die Aufgabe erhalten, die Karten zu sortieren nach Zustimmung und Ablehnung, Prioritätenreihen zu legen und Vergleichbares mehr. Wichtig ist eine Zusammenfassung am Schluß dieser Phase. Diese kann so aussehen, daß der Lehrer fragt und an der Tafel notiert, wie oft diese oder jene Position/Karte, an die erste Stelle gerückt worden ist. Entscheidend ist, daß der Meinungsaustausch für wichtiger gehalten wird als die Zahlen, die am Ende an der Tafel stehen. Schüler sind leicht von solchen Zahlenspielen fasziniert. Der Lehrer wird sie mit Recht nicht so hoch schätzen.

Mit **Phase 3** wird ein Lehrerreferat angeboten, das immer wieder zum Klassengespräch werden wird. Am Ende muß eine Zusammenstellung an der Tafel und in den Schülerheften stehen, die in etwa der Auflistung auf dem Stundenblatt entspricht. Je nach der Arbeitskraft seiner Lerngruppe wird der Kollege kürzen müssen oder erweitern können.

Den letzten Schritt in Phase 3, die Arbeit mit den zwei sich überschneidenden Kreisen, kann der Lehrer vertiefen und eine Zusammenstellung der Gemeinsamkeiten beider Religionen vornehmen. Das sieht dann etwa so aus:

Gemeinsamkeiten von Islam und Christentum:

1. Der Glaube an den einen Gott.
2. Die Hochschätzung von Mose, David, den Propheten, Jesus u.a.
3. Die Einschätzung Jesu als Wort Gottes.
4. Die Hochschätzung des Gebets.
5. Die Hochschätzung von Maria.
6. Das Bemühen um Mitmenschlichkeit.
7. Eine hochqualifizierte Ethik.
8. Die Bewertung der Welt als Schöpfung Gottes.
9. Das Wissen um die Sündhaftigkeit und Erlösungsbedürftigkeit des Menschen.
10. u.a.m.

Diese Arbeit könnte mit Sure 3/85 (in anderen Koranausgaben 3/84) abgeschlossen werden.

Die **Phase 4** ist fakultativ gedacht. Sie zeigt wie in einem Brennglas Übereinstimmungen und Unterschiede. Dieser kleine Text (Mat. 56) kann Ausgangspunkt wichtiger Gespräche sein, wenn die Frage gestellt wird, welche Passagen des zweiten Glaubensartikels denn nun von den Schülern persönlich bejaht und geglaubt werden und welche nicht.

18. Stunde: Muslime unter uns

A Methodisch-didaktische Vorbemerkungen

In dieser Stunde geht es darum, den Schülern einen Blick für das Leben der Muslime unter uns zu verschaffen. Da es sich dabei vor allem um Türken handelt, wird es sich nicht vermeiden lassen, daß deren besondere Prägungen durchschimmern. Es handelt sich um Probleme der Türken mit ihren deutschen Gastgebern, aber auch um Probleme der muslimischen Türken untereinander. Um dies schülergemäß zu unterrichten, sind Beispiele aus der Schule gewählt. Diese schülernahen Konkretionen können zu recht lebhaften Diskussionen führen. Es gibt immer wieder Schüler, die mit aller Leidenschaft vertreten, muslimischen Mitschülerinnen müsse das Tragen von Kopftüchern in der Schule verboten werden. Andernfalls sehen sie das Abendland in Gefahr.
Daß Begegnungen mit Muslimen – wie mit fremden Menschen überhaupt – auch bereichernd sind, muß deutlich werden. Die Schüler sollen ermutigt werden, solche Begegnungen zu suchen und sich ihnen mit viel Offenheit auszusetzen. Die Freude über eine gelungene Begegnung überwiegt eventuelle Enttäuschungen.
Eine weitere Absicht dieser Stunde ist, die latente Furcht vor Muslimen in Deutschland durch konkrete Zahlen sichtbar und faßbar zu machen. Dann kann darüber gesprochen, können die Zahlen in Relationen gesetzt werden und kann der Ausländerfurcht entgegengetreten werden.

B Ziele der Stunde

In dieser Stunde sollen die Schüler
– auf Probleme muslimischer Mitbürger

und Mitschüler aufmerksam werden und sich damit beschäftigen;
- möglichst präzise Zahlen über Muslime in der Bundesrepublik Deutschland erhalten;
- etwas über die Gruppierungen im Islam lernen;
- ermutigt werden, Begegnungen mit Fremden und natürlich mit Muslimen zu suchen;
- sich über angemessenes Verhalten Fremden gegenüber Gedanken machen.

C Stundenverlauf

Die **Phase 1** beginnt mit einer Diskussionsrunde. Zur Diskussion stehen Schulprobleme vor allem türkischer Mädchen. Diese Probleme sind weithin kulturell bedingt und haben erst in zweiter Linie etwas mit der Sexualmoral des Islam zu tun. Es kann angezeigt sein, in diesem Teil mehrere Probleme anzusprechen.
Der kleine Text „Dürfen türkische Mädchen..." (Mat. 57) soll die Phase 1 abschließen.
Zur Frage des islamischen Religionsunterrichts an öffentlichen Schulen in Deutschland kann diese Notiz hilfreich sein:

In einer Stellungnahme des Rats der Evanglischen Kirchen in Deutschland (EKD) mit dem Thema „Zur Erziehung und Bildung muslimischer Kinder und Jugendlicher" vom 4. Juni 1983 wird zum Problembereich „religiöse Unterweisung" und „muslimischer Religionsunterricht" folgendes ausgeführt:

„Der Einführung islamischen Religionsunterrichts stehen große Schwierigkeiten entgegen.
- Insbesondere fehlt bisher auf muslimischer Seite eine repräsentative Vertretung oder Organisation, die im Sinne einer Religionsgemeinschaft der Partner des Staates bei der Einführung eines Religionsunterrichts nach Art. 7 GG sein könnte.
- Es muß Lehrpläne geben, die einerseits in Übereinstimmung mit dem Islam stehen – was wiederum nur eine repräsentative Vertretung des Islam in Deutschland feststellen kann – und andererseits mit der Wertordnung des Grundgesetzes vereinbar sind.
- Lehrer für islamischen Religionsunterricht müssen fachlich und pädagogisch qualifiziert sein. Dazu bedarf es entsprechender Ausbildungsmöglichkeiten.
- Die staatliche Schulaufsicht ist auch für den islamischen Religionsunterricht unabdingbar, in ihren Konsequenzen jedoch bisher ungeklärt.

Aus: Walter Schmid, Islam, S. 70

Phase 2 informiert die Schüler über Zahlen von Muslimen in Deutschland (Mat. 58) und die wichtigsten Gruppierungen im Islam (Mat. 59). Es befruchtet den Unterricht, wenn der Lehrer oder beauftragte Schüler sich um die entsprechenden Zahlen am Schulort kümmern und in den Unterricht einbringen.

Phase 3 soll zur Kontaktaufnahme ermutigen. Es werden die Texte von Thomas Dreessen „Türen öffnen“ (Mat. 60) vorgelesen. Vielleicht können einige Schüler selbst von gelungenen oder mißlungenen Begegnungen mit Muslimen erzählen. Dabei wird es wichtig sein, sich vor allem bei mißlungenen Begegnungen Zeit zu lassen und nachzufragen, warum das Aufeinandertreffen mißlang.

Zum Schluß, in **Phase 4**, sollen Gedanken, Regeln, Vorschläge, Ratschläge, Befürchtungen an der Tafel oder auf einem großen Stück Papier notiert werden. Die Notierungen nehmen die Schüler selber vor. Sie sollen von ihrem Platz aufstehen und zur Tafel gehen, um mit farbiger Kreide ihren Vorschlag zu notieren. Eine andere empfehlenswerte Organisation wäre der Kreisunterricht. Die Schüler sitzen im Kreis, das große Papier liegt auf dem Fußboden, daneben Buntstifte. Jeder, der dazu Lust hat, notiert seinen Gedanken. Sehr häufig passiert es dann, daß sich ein Schreib-Dialog zwischen Schülern entwickelt. Das Blatt kann dann einige Wochen im Klassenzimmer als „Denk-mal!“ hängen.
Eine Form, die die Hemmschwelle der Schüler mindert, ist die echte Collage: Die Schüler notieren auf Zetteln, die der Lehrer dann auf ein großes Papier klebt.

Die **Hausaufgabe** (Mat. 61) will diesen letzten Arbeitsschritt vertiefen und ergänzen. Es ist durchaus denkbar, daß anstatt einer üblichen Abfrage der Hausaufgabe die Schüler diesmal aufgefordert werden, ergänzende Regeln auf das Plakat oder die Collage zu schreiben.

19. Stunde: Missionsauftrag oder Toleranz?

A Methodisch-didaktische Vorbemerkungen

Die angebotene Übung zur Selbsterfahrung machen Schüler gerne mit, wenn sie auch manchmal eine Anwärmphase brauchen. Es macht ihnen Spaß, die eigene und die Reaktion ihrer Mitschüler zu überprüfen. Damit ist das Feld vorbereitet für das eigentliche Thema der Stunde: Wie verhalten sich die Größen Toleranz und Missionsauftrag zueinander?
Diese Klärung wird besonders wichtig und darum auch hilfreich sein für Schüler, die durch enge kirchliche Gemeinschaften geprägt sind und sich bisher in dem Zwiespalt befanden, einerseits dem Missionsauftrag gerecht zu werden, und andererseits die gesellschaftlich geforderte Toleranz zu leben. Dieser Zwiespalt wird durch Meldungen von intoleranten Maßnahmen aus dem islamischen Raum verstärkt und verführt zu vorschnellen Lösungen. An dieser Stelle kann der Lehrer u. U. mehr als schon bisher Hilfe zum rechten Leben und Glauben leisten.
Es gilt also, mit einem klaren theologischen Konzept in diese Stunde zu gehen, unliebsame Fakten nicht zu verschweigen und am Ende zu einer hilfreichen Klärung zu gelangen.

B Ziele der Stunde

In dieser Stunde sollen die Schüler
- die eigene Handlungsweise im interreligiösen Bereich wie die der Mitschüler erkennen und bedenken;
- den scheinbaren Widerspruch zwischen Missionsauftrag und Toleranz zu einer theologischen Klärung führen;

- die Augen vor intoleranten Aktionen im Islam nicht verschließen;
- lernen, auf solche Maßnahmen richtig zu reagieren;
- wahrnehmen, daß sie in ihrem Bemühen um ein christliches oder menschliches Miteinander Unterstützung erfahren sowohl auf Seiten der Muslime wie auf Seiten der Christen.

C Stundenverlauf

Phase 1 mit ihrer Übung zur Selbsterfahrung, dem Spiel mit den Karten „Was wäre wenn?" (Arbeitsblatt 7), kann auf vielfältige Art organisiert werden. Hier ist Kreisunterricht vorgeschlagen, weil der üblicherweise die Gesprächsatmosphäre stärkt und persönliche Äußerungen möglich macht. Daß der Lehrer für die nötige Konzentration und Ernsthaftigkeit sorgt, wenn nötig auch für die erforderliche Toleranz in der Gruppe, ist selbstverständlich. Nach Abschluß dieser Phase kann mit der Bildbetrachtung „Die Würde des Menschen" (Mat. 62) zur
Phase2 übergegangen werden: Im Klassenzimmer wird die alte Ordnung hergestellt, Tische und Bänke werden an ihre üblichen Plätze gerückt, und die Lerngruppe macht sich an die Arbeit, über das Stichwort „Mission", drei wichtige biblische Aussagen zu erarbeiten. Bibelstellen und Ergebnisse finden sich auf dem Stundenblatt.
Der Gebetstext von M. A. Thomas „Macht zu Jüngern alle Völker" (Mat. 63) mag die Phase affektiv abschließen und das Problem von einer neuen Seite beleuchten: Dem Gegensatz zwischen Menschenliebe einerseits und der Liebe – oder ist es der Wunsch, recht zu behalten? – zu Lehraussagen und Überzeugungen andererseits.

Phase 3 lenkt den Blick auf die islamische Seite: Dort ist – wie im Christentum auch – beides zu finden: Das Bemühen um einen würdigen Austausch, um Zusammenarbeit und Gespräche auf dem Weg zu einem Leben in Wahrheit, Güte, Frömmigkeit und Gerechtigkeit. Und es finden sich dort Zeichen der Intoleranz, die für Christen unverständlich sind. Für das gedeihliche Miteinander beider Religionen steht das Blatt „Drei Texte zu den christlich-muslimischen Beziehungen" (Mat. 64).
Im Fall des verbotenen Weihnachtsfestes (siehe Mat. J) muß man wissen, daß in den Augen der Saudis ganz Arabien eine Moschee ist. Sie halten an dieser Fiktion auf Grund einer Koranstelle fest. Diese Erklärung bleibt für Christen ungenügend, macht aber deutlich, warum die saudi-arabische Führung eine christliche Weihnachtsfeier in einer „Moschee" nicht zulassen kann.

Die **Phase 4** ist ein fakultativer Schluß. Weil aber bei vielen jungen Menschen das Vorurteil herrscht, die Kirchenführungen seien grundsätzlich konservativ und jedem Dialog abgeneigt, kann es um der Kirchen willen sehr sinnvoll sein, den Brief (Mat. 65) noch einzubringen. Diese wie ähnliche Bemühungen der Kirchen werden leider kaum wahrgenommen.

Mat. J

Weihnachten verboten

Ein trauriges Weihnachtsfest erlebten die sechstausend Christen, die in Saudi-Arabiens ölreicher Ostprovinz leben. Die mächtige islamische Religionspolizei verbot alle Festlichkeiten. Die 6 000 Europäer und Amerikaner, die als hochbezahlte Gastarbeiter am Golf leben, durften keine Weihnachtsbäume aufstellen und in ihren Wohnungen keine Kerzen anzünden. Auch Weinachtsgrußkarten seien verboten, hatte die Polizei mitgeteilt. Selbst für Saudi-Arabien war solche Intoleranz neu; das Wort des obersten islamischen Glaubenswächters aber war eindeutig: „Unser Land erlaubt keine Weihnachts- und Silvesterfeiern und generell kein Fest, das den islamischen Glaubensregeln widerspricht." Die Chinesen pflegen am 25. Dezember Geselligkeit: Doch zu Weihnachten 1984 mußten die Ungläubigen im Machtbereich der übereifrigen ostsaudischen Glaubenspolizei allein zu Hause sitzen.

Aus: DIE ZEIT vom 11. Jan. 1985

20. Stunde: Besinnung – Befragung – Begegnung

A Methodisch-didaktische Vorbemerkungen

Diese Stunde ist in der vorliegenden Form die komprimierte Form einer Doppelstunde. Da in den meisten Fällen nur 45-Minuten- Stunden zur Verfügung stehen werden, sei der Kollege davor gewarnt, die Stunde in der vorliegenden Form zu halten. Er wird entweder den islamischen Gästen oder den vorgeschlagenen Inhalten und Materialien nicht gerecht werden. Natürlich kann er das eine oder andere Element im Rahmen der Begrüßung oder der Verabschiedung der Gäste verwenden.
Bei der Frage, ob er den Inhalten dieser Stunde oder der Einladung islamischer Gäste den Vorzug geben soll, muß die Entscheidung klar zugunsten der Einladung fallen. Es ist ganz wichtig, solche Begegnungen mit den Schülern einzuüben, ihnen zu zeigen, wie falsche Harmonisierungen ebenso wie ungute Konfrontationen vermieden werden können, wie die eigenen Positionen vertreten und wie mit den Partnern ein für beide Seiten weiterführendes, gutes Gespräch gestaltet werden kann.

B Ziele der Stunde

In dieser Stunde sollen die Schüler
- lernen, mit Muslimen einen guten Dialog zu führen, falsche Harmonisierungen ebenso wie ungute Konfrontationen zu vermeiden, und so gemeinsam vorwärts zu kommen;
- unterschiedliche affektive Impulse erleben, um dadurch für Begegnungen mit Menschen anderer Religionen ermutigt zu werden.

Wenn vorausgesetzt ist, daß es sich um eine Doppelstunde handelt, könnte der Verlauf etwa so gestaltet werden:

Die **Phase 1** könnte der Begrüßung der Gäste und einer Einführung entsprechen, in die die „Zwei Erfahrungen" (Mat. K) einfließen. Nur wenn es zu keiner Einladung gekommen ist, sollten die Materialien „Eine Einladung" (Mat. 66) und „Die Geschichte von den Brüdern" (Mat. L) ausführlich in der vorgeschlagenen Weise eingebracht werden:

Beim Material 66 „Eine Einladung" werden die Schüler nach den Symbolen fragen. Im Uhrzeigersinn, bei 12 Uhr beginnend, weisen die Zeichen hin auf

den Buddhismus (Rad der Lehre und Wiedergeburt),

das Christentum (das Kreuz Jesu),

den Hinduismus (die heilige Silbe Om),

den Islam (das Wort Allah),

die Bahai (drei Seinsebenen, zwei Sterne für die Gründer, der stilisierte Buchstabe des arabischen B),

das Judentum (das Siegel oder der Schild Davids, der doppelt hebräische Buchstabe D).

Phase 2 wäre dann dem Gespräch, dem gegenseitigen Fragen und Antworten, gewidmet und wird den größten Teil der Doppelstunde einnehmen. Jetzt, am Ende der Unterrichtseinheit, ist diese Befragung wichtig, weil wohl immer Unklarheiten vom Unterricht zurückgeblieben sind, Fragen vom Lehrer nicht beantwortet werden konnten. Lehrer und Gruppe müssen sich bei diesem Austausch bewußt bleiben, daß sie nur eine oder zwei Stimmen aus dem Islam zu hören bekommen. Es wäre falsch, diese Stimme als repräsentativ für den Islam überhaupt zu nehmen.

Der Lehrer sollte sich auf folgende Erfahrungen mit dem christlich-islamischen Dialog einstellen:

1. Muslime erwarten häufig als Frucht des Dialogs eine formelle Anerkennung des Islam, wenn nicht als überlegene, so doch wenigstens als gleichberechtigte Offenbarungsreligion.
2. Muslime verweisen gerne auf den hohen Respekt, den sie Jesus entgegenbringen und fordern gleiches in bezug auf Mohammed. Dabei übersehen sie die historischen Abhängigkeiten. Sie selbst haben allergrößte Schwierigkeiten, zeitlich später entstandene Gruppen in ihrem Raum wie z.B. die Baha'i anzuerkennen.
3. Christen können wohl in Mohammed einen prophetischen Prediger der Umkehr zu Gott sehen, aber nicht den Vollender und Erfüller der Predigt Jesu.
4. Für Muslime ist eine abendländische Trennung zwischen Religion und Gesellschaft undenkbar. Sie widerspricht dem Geist des Islam, ja es kann formuliert werden: Die Prinzipien des Glaubens können ohne politische Ordnung überhaupt nicht verwirklicht werden. (Das Islamische Zentrum Hamburg in einem Faltblatt)
5. Muslime sollten immer wieder darauf hingewiesen werden, in welchem Maß sie in unserem Land vom religiösen Pluralismus und der Trennung von Staat und Kirche profitieren.
6. Zur Zeit dürfte die Missionsfrage nicht zu klären sein, da zum Selbstbewußtsein beider Religionen gehört, sich als endgültige Offenbarung zu verstehen. Beide Religionen wollen missionieren.
7. So kann zur Zeit nur über die Art und Weise der Mission, nicht aber über die Mission selbst gesprochen werden.
8. Muslime unterstellen nach wie vor Judentum und Christentum, daß in ihren Überlieferungen die Wahrheit verfälscht ist. Nur der Islam sei im Besitz der reinen, unverfälschten Wahrheit.

9. Ebenso bleibt für sie unverrückbare Überzeugung, daß ihr Monotheismus der christlichen Trinitätslehre überlegen ist.
10. Im gemeinsamen Bemühen, religiöse Werte und moralische Prinzipien in der Gesellschaft durchzusetzen, Frieden, Gerechtigkeit und den Erhalt der Schöpfung zu befördern, können sich Muslime und Christen problemlos treffen.

Als Abschluß, **Phase 3**, kann mit „Einen Baum pflanzen“ (Mat. 67) gearbeitet werden, einem Hinweis darauf, daß gerade junge Menschen sich um ein gedeihliches Miteinander der Religionen bemühen. Die Länge des Textes läßt nicht zu, daß er im Rahmen einer Verabschiedung gelesen wird. Da müßte dann ein Verweis genügen. Für diesen Zweck sind besser geeignet das Zitat von M. Claudius, das vor das Vorwort gesetzt ist, oder der Text von A. Falaturi aus dem Vorwort.

Zum Schluß ein Wort von Khalil Gibran:

Gott
versah die Wahrheit
mit vielen Türen,
um jeden Gläubigen willkommen zu heißen,
sobald er anklopft.

Mat. K

Zwei Erfahrungen

I.

Es geschah kurz vor einer Tagung zum christlich-islamischen Dialog. Ich wollte mir vor dem Referat und nach der langen Reise die Beine vertreten und machte einen kleinen Spaziergang in der mir unbekannten Umgebung. Plötzlich hatte ich mich verlaufen. Ich fand den Weg zurück nicht mehr, und die Zeit meines Vortrags rückte näher. Da sah ich den Imam, den ich an der Rezeption der Tagungsstätte kurz begrüßt hatte. Auch er hatte sich verlaufen und war ganz unglücklich darüber.
Wir begrüßten einander erneut, bekannten unser Mißgeschick – und fanden gemeinsam den Weg zu unserem Ziel.

II.

Eine Christin, die seit Jahren in einer orientalischen Großstadt lebt, bekannte, sie sei von Tag zu Tag dankbarer dafür, daß der Muezzin auch sie fünfmal am Tag zum Gebet mahne.

Siegfried Schulz, Die Geschichte vom älteren und vom jüngeren Bruder

(nach einer Idee von Wilhelm Bruners)

Es war am anderen Morgen, als die beiden Brüder sich auf dem Feld begegneten, als sie wortlos, verbissen bemüht waren, einander nicht wahrzunehmen, nicht zu sehen die gleiche Art, das gleiche Blut, das Wesen des Vaters im anderen. Jeder bearbeitete sein Ackerstück, jeder wich dem anderen aus, ging zum anderen Wasserloch, suchte den einsamen Schatten in den Pausen.

Es vergingen Monate, Jahre, und jeder hing seinen Gedanken nach, und die Gedanken schlugen tiefe Wurzeln. Warum bin ich nicht zum Fest geladen worden? dachte der Ältere. Warum wurde nicht nach mir geschickt? Wurde ich vergessen? Nur zum Arbeiten gut, nicht zum Feiern. So war das immer schon, seit eh und je. Ungeliebt, ich war immer das ungeliebte Kind. Und der Jüngere dachte: Warum kam der Bruder nicht an jenem Abend? Zum Fest? Warum hielt er sich abseits, wollte nicht, verbohrte sich in der Wut, in der Ablehnung, auch als der Vater ihn bat? Bin ich nicht sein Bruder? Warum hat er sich nicht mitfreuen können, mit mir und dem Vater und all den anderen?

Es vergingen Monate, Jahre. Es blieb zwischen den Brüdern Distanz, und die Distanz wuchs. Wenn sie miteinander reden mußten, beschränkten sie die Worte auf das Allernotwendigste. Und wenn es nur irgend möglich war, stritten sie miteinander und bald stritten sie nur noch. Der jüngere Bruder hatte manches gelernt draußen in der Fremde, was er nicht aufgeben wollte und nicht aufgeben konnte. Er wollte sich auch gar nicht in das alte Leben einpassen. Er war wie er war, und er wollte leben, wie er es für richtig hielt. Der ältere Bruder mochte die neue Art überhaupt nicht. Er hielt sich an das Gewohnte, kritisierte das Neue, mokierte sich, wußte alles besser – wie der jüngere Bruder auch.

Es vergingen Monate, Jahre. Der Jüngere gewann Macht und Einfluß, mehr Macht und mehr Einfluß als der Ältere. Er bedrängte den Älteren, drängte ihn schließlich vom Hof, und eines Tages, als er ihn draußen traf auf dem Feld, erhob er die Hacke zum Schlag und jagte dem älteren Bruder nach. Von da an ließ er den Älteren verfolgen, wann immer er ihm begegnete, mit Hunden hetzen, auf Scheiterhaufen verbrennen. Er schlug ihn tot in den Ghettos, vergasen in Kammern, verbrennen in Krematorien. Ach, wieviele Tode starb der Bruder.

Eines Tages aber, als der jüngere Bruder wieder einmal hörte: Dein Bruder ist da! nahm er selbst die Verfolgung auf. Schon hatte er den Älteren eingeholt, schon griff er nach dem Nacken des Fliehenden, holte aus, um den tödlichen Schlag zu führen, da drehte der ältere Bruder sich um, wandte sein Gesicht dem Bruder zu und dieser erkannte – das Gesicht des Vaters. Das müde, traurige Gesicht des Vaters. Und er hörte den Vater sagen: Mein Kind, erinnerst du dich an den Augenblick, in dem zu zurückkamst? Gab ich dir nicht einen Ring an den Finger, Schuhe an die Füße? Ließ ich nicht ein Fest bereiten, weil du tot und wieder lebendig geworden warst? Glaubst du, dein Bruder würde dich annehmen können, wenn du ihn an allen Kreuzungen, an denen ihr euch begegnet, erschlägst? Wisse: Solange du deinen Bruder nicht leben läßt, ist auch für mich kein Platz auf dem Hof. Und wo du ihn erschlägst, er-

schlägst du auch mich. Wo du ihm den Becher Wasser verweigerst oder das Brot nicht gibst, da läßt du auch mich leer ausgehen. In meinem Haus sind viele Wohnungen. Als du den Bruder aus dem Haus vertriebst, vertriebst du auch mich. Hast du das nicht gewußt?
Nach diesen Worten drehte sich der Vater um und ging, ging tief vornübergebeugt, müde, traurig. Der Sohn schaute ihm lange nach und wußte am Ende nicht, wer da mit ihm gesprochen hatte. Er rief: Vater! Aber der Alte drehte sich nicht um. War es vielleicht doch nur der Bruder gewesen, der ältere Bruder? Hätte er rufen sollen, laut rufen: Bruder!?

Siegfried Schulz, Die Geschichte von den Brüdern

Unterdessen war ein jüngster Bruder herangewachsen, ein dritter, der hatte eine Vorliebe für die Einöde, für die Steppe und für die Herden – und für den Kampf. Er liebte es, lange still zu sitzen auf einem Stein, draußen bei den Tieren, aber er liebte es ebenso, sich zu bewegen und seine Waffen zu gebrauchen. Sein Gesicht war braun verbrannt, aber es strahlte in jugendlicher Kraft und Schönheit. Er schritt daher wie ein Held aus alter Zeit, schön, stark und selbstbewußt.
Eines Tages riß ihn die Lust hin, seine Kräfte und seine Gewandtheit an seinen Brüdern zu erproben. Und siehe, es gelang ihm. Er warf den ältesten Bruder zu Boden und jagte den zweitältesten über das Feld. Er setzte ihm nach und nahm ihm Feld um Feld und Acker um Acker und trieb ihn vor sich her, bis dieser sich umwandte und sich zur Wehr setzte, fast verzweifelt. Da ließ der Jüngste ab von seinem Tun, erschrocken über sich selbst, aber auch stolz auf sein Können und seine Macht.
Es kamen Tage, in denen alle drei, der älteste, der mittlere und der jüngste Bruder, friedlich im Haus des Vaters beieinander wohnten. Sie fragten einander nach ihren Erinnerungen an den Vater, fragten einander um Rat, wenn es galt, einen Acker zu bewässern, eine Wunde zu verbinden, ein halbvergessenes Lied zu singen oder eine alte Schrift zu entziffern.
Aber dann geschah es erneut, daß der mittlere Bruder sich erhob und die anderen beiden zwingen wollte, zu leben, zu denken und zu beten wie er. Er ließ sich üble Gedanken einfallen, gewaltiges und gewaltsames Übel. Er sagte sich und den Brüdern, es ginge ihm allein darum, den Willen des Vaters zu tun, denn er war nicht stark genug, sich seine Lust an der Macht einzugestehen. Die bösen Tage begannen aufs Neue. Der jüngste Bruder griff dann auch nach dem Schwert und bedrängte den mittleren. Nicht etwa, weil er den ältesten schützen wollte, sondern weil es ihm ein Bedürfnis und eine Freude war, sich zu bewegen, zu streiten und zu siegen.
Und nur wenn sie ermattet waren, trat Ruhe ein. Aber diese Ruhe war kein Friede. Die Lust des einen war die Last des anderen. Mißtrauen herrschte zwischen ihnen, Mißgunst und mißmutiges Schweigen. Langsam, ganz langsam verblaßte auch im Ältesten die Erinnerung an den Vater, den er doch so sehr liebte, und er begann zu lernen von den jüngeren Brüdern, und es machte ihm Spaß.
Tiefer aber und unheilbarer als die Wunden der Körper waren die Verletzungen ihrer Seelen. Schlimmer als die Freude am Kampf war die Blindheit der Augen. Grausamer als ihr Streit um Felder, Äcker und

Knechte war die Taubheit ihrer Ohren, ihr lauerndes Schweigen, verbissen und haßerfüllt.
Sie konnten nirgends anders wohnen als auf dem Hof des Vaters. Sie konnten nichts anderes arbeiten, als sein Vieh zu hüten, seinen Grund und Boden zu bestellen. Aber sie konnten einander die Worte nicht mehr sagen, die der Vater sie gelehrt hatte. Sie konnten einander nicht mehr grüßen mit den Augen des Vaters. Sie gingen aneinander vorbei in beleidigtem Stolz. Sie maßen die Schuld des jeweils anderen und schoben einen guten Teil der eigenen Schuld in ihrem Herzen und manchmal auch in ihren Worten den anderen zu. Sie gingen nicht aufeinander zu, sondern aneinander vorbei, blickten zu Boden, sahen einander nicht in die Augen, und so erkannten sie auch nicht das Gesicht des Vaters im Gesicht des Bruders, hörten nicht die Worte des Vaters in den Worten des Bruders, erkannten nicht die stillen Gesten der Liebe, die sie am Vater so geschätzt hatten. Und wenn sie beteten, blieb ihr Gebet leer.
Vielleicht wird es morgen anders sein.
Vielleicht wird der Vater einen Boten mit Vollmacht senden, die Fäuste der Brüder zu öffnen und ihre Hände ineinander zu legen, daß sie Kraft finden, einander in die Augen zu schauen, einander die Worte zu sagen, die sie der Vater gelehrt hatte, als sie noch auf seinen Knien schaukelten.
Vielleicht aber wird der Vater selber kommen und sie zum Fest rufen, zum großen Fest mit Musik und Reigentanz, mit Festkleid, Ring und gemästetem Kalb. Er wird sie rufen mit so lauter Stimme, daß keiner wagen wird, sich zu verweigern. Dann werden sie einander anschauen, einander erkennen und zueinander sagen: „Mein Bruder!“ und „Unser Vater!“

Vorschlag für eine Klassenarbeit

Diese Klassenarbeit ist nach der 11. Stunde geplant. Sie kann zu einer Schriftlichen Wiederholung verkürzt werden, indem der anspruchsvolle letzte Teil weggelassen wird.

I. Reproduktion:

1. Zähle die fünf Säulen (oder Pfeiler) des Islam auf!
2. Was ist für die Muslime die „Sakat"?
3. Schreibe inhaltlich richtig das Glaubensbekenntnis des Islam auf!
4. Wer oder was ist eine „Hadsch"?
5. Nenne die drei wichtigsten Pilgerziele der Christenheit im mittelalterlichen Europa!
6. Wer hat nach islamischen Glauben die Kaaba gebaut?
7. a. Wie heißt das größte Fest des Islam?
   b. An welchen Glaubensinhalt wird dabei gedacht?
8. Was erlebt der muslimische Pilger an Safahügel und Zemzemquelle nach?
9. Warum ist das gegenwärtige muslimische Jahr nicht einfach durch unsere Jahreszahl minus 622 zu errechnen?

II. Reorganisation und Transfer:

10. Aus welchen Gründen unternehmen Menschen in allen Religionen Pilgerreisen?
11. Wie wird im Islam bei der Pilgerfahrt nach Mekka die Gleichheit aller Pilgernden symbolisiert?

III. Problemlösendes Denken

Text:

„Im großen und ganzen wird von einer Koexistenz der Religionsgemeinschaften, einem Nebeneinander also ausgegangen, bei dem das Miteinander nicht angestrebt und das Gegeneinander nach Möglichkeit vermieden wird, was inhaltlich mit der Toleranz des Islam gegenüber Schriftbesitzern gemeint ist. Der Islam duldet folglich in seiner Theorie christliche und jüdische Gemeinden innerhalb des islamischen Herrschaftsgebiets. In der Praxis wurde jedoch nicht immer so verfahren, so daß es historisch sowohl tolerante als auch intolerante Phasen gibt.
Es versteht sich von selbst, daß dieses Nebeneinander der Religionsgemeinschaften unmittelbare Konsequenzen für das christliche Selbstverständnis und den Sendungsauftrag der Kirchen im Orient insofern hat, als die Anerkennung und Achtung des vorgegebenen islamischen Handlungsspielraumes von den Christen verlangt, auf jegliche Mission unter den Muslimen zu verzichten bzw. es in keinem Falle bis zur Konversion/Taufe kommen zu lassen"

(Peter Antes, Der Islam, S. 85f.)

12. Stelle ausgehend von diesem Textabschnitt dar, was im Islam unter Toleranz verstanden wird und skizziere, wie im europäisch- aufgeklärten Sinn Toleranz begriffen wird.

Literaturverzeichnis

(Vergleiche auch die kommentierte Bibliographie!)

Salim Alafenisch, Die acht Frauen des Großvaters, Unionsverlag, Zürich 1989

Salim Alafenisch, Der Weihrauchhändler, Das Arabische Buch, Berlin 1988

Peter Antes u.a., Der Islam – Religion, Ethik, Politik, W. Kohlhammer GmbH, Stuttgart 1991

Arbeitsgemeinschaft Missionarische Dienste (Hrsg.), Studienbriefe Religion 1–5 Stuttgart o.J.
Studienbrief Religion 1:
Helmut Felnder und Reinhart Hummel „Der Islam – eine nachbiblische Religion“
Studienbrief Religion 2:
Helmut Flender und Reinhart Hummel „Der Koran und die Bibel“
Studienbrief Religion 3:
Helmut Flender „Der Gott der Christen und der Gott der Muslime“
Studienbrief Religion 4:
Helmut Flender „Heil und Gericht in christlichem und islamischem Verständnis“
Studienbrief Religion 5:
Helmut Flender „Die islamische Gemeinschaft und die Kirche“

Mostafa Arki, Das Andere anders sein lassen – bi- kulturelle Partnerschaft, kritische Anmerkungen zu Betty Mahmoodys Buch, Internationales Kulturwerk, Hildesheim o.J.

Ausschuß der Evang. Kirche in Deutschland für den kirchlichen Dienst an ausländischen Arbeitnehmern (Hrsg.), Moslems in der Bundesrepublik, Verlag Otto Lembeck, Frankfurt am Main 1974

Ulrike Berger und Michael Mildenberger (Hrsg.), Keiner glaubt für sich allein, Verlag Otto Lembeck, Frankfurt am Main 1987

Stefano Bianca, Architektur und Lebensform im islamischen Stadtwesen, Verlag für Architektur Artemis, Zürich 1979

Sahib Mustaquim Bleher, Das Zeugnis der Bibel – biblische Stellen weisen auf die Wahrheit des Qur'an, Mustaqim-Verlag o.J.

Michael Brett und Werner Forman, Die Mauren, Atlantis Verlag, Luzern und Hersching 1986

Johann Boumann, Die islamische Revolution und Ayatollah Khomeini, Orientdienst, Wiesbaden 1980

Evangelisches Missionswerk im Bereich der Bundesrepublik Deutschland und Berlin West (Hrsg.), Die Liebe kennt keine Angst, Evangelische Pressestelle für Weltmission, Hamburg 1982

Manfred Daum und Rudolf Kekow, Die Religionen der Völker – Quellen zum Hinduismus, Buddhismus und Islam, Verlag Moritz Diesterweg, Frankfurt am Main, Berlin und München 1972

Abdoldjavad Falaturi (Hrsg.) und Udo Towruschka, Der Islam im Unterricht, Georg-Eckert-Institut, Braunschweig 1991

Dieter Faßnacht, Islam, Verlag Moritz Diesterweg, Frankfurt am Main 1991

Erika Fingerlin und Michael Miltenberger, Ehen mit Muslimen, Verlag Otto Lembeck, Frankfurt am Main 1983

Kahlil Gibran, Der Prophet, Walter-Verlag, Olten und Freiburg im Breisgau 1977

Seymour Gray, Hinter dem Schleier – Alltag in Saudi-Arabien, Econ Verlag, Düsseldorf und Wien 1984

Djavidan Hanum, Harem – Erinnerungen der früheren Gemahlin des Khediven von Ägypten, Deutscher Taschenbuch Verlag, München 1988

Abdulkakir W. Haas, Türkische Volksfrömmigkeit, Verlag Otto Lembeck, Frankfurt am Main 1986

Gerhard Heck und Manfred Wöbcke, Arabische Halbinsel, Du Mont-Buchverlag, Köln 1983

Reinhart Hummel, Problemfelder im christlich-islamischen Verhältnis, in: Materialdienst der Evangelischen Zentralstelle für Weltanschauungsfragen, Nr. 9 vom 1. September 1992 im Quell-Verlag, Stuttgart

Sigrid Hunke, Allah ist ganz anders – Enthüllung von 1001 Vorurteilen über die Araber, Horizonte Verlag GmbH 1990

Sigrid Hunke, Allahs Sonne über dem Abendland – unser arabisches Erbe, Fischer Taschenbuch Verlag, Frankfurt am Main 1990

Uli Jäger, Dimensionen des Golfkrieges – Materialien für den Unterricht, Verein für Friedenspädagogik, Tübingen 1991

„Kairoer Erklärung der Menschenrechte im Islam", in: Materialdienst der Evangelischen Zentralstelle für Weltanschauungsfragen, Nr. 2 vom 1. Februar 1992 im Quell-Verlag, Stuttgart

Johannes Kalter, Aus marokkanischen Bürgerhäusern, Linden-Museum, Stuttgart 1977

Emanuel Kellerhals, Koran und Bibel, Calwer Verlag, Stuttgart 1964

Adel-Theodor Khoury und Peter Hünermann, Friede – was ist das? – Die Antwort der Weltreligionen, Verlag Herder, Freiburg 1984

Adel-Theodor Khoury, Gebete des Islam, Matthias-Grünewald-Verlag, Mainz 1981

Adel-Theodor Khoury, So sprach der Prophet – Worte aus der islamischen Überlieferung, Gütersloher Verlagshaus Gerd Mohn, Gütersloh 1988

Adel-Theodor Khoury, Wer war Muhammad?, Verlag Herder, Freiburg im Breisgau 1990

Adel-Theodor Khoury, Ludwig Hagemann, Peter Heine, Islam- Lexikon, Verlag Herder, Freiburg im Breisgau 1991

Hanna Kohlbrugge, „Hiob in der Bibel und im Koran" und „Leiden in der islamischen Mystik", beides erschienen bei Orientdienst e.V., Wiesbaden o.J.

„Der Koran" übersetzt von Adel-Theodor Khoury, Gütersloher Verlagshaus Gerd Mohn, Gütersloh 2. Aufl. 1992

„Der Koran" übertragen von Ludwig Ullmann, Wilhelm Goldmann Verlag, München 1959

Fritz Kortler, Altarabische Träume, Perlinger Verlag, Wörgl/Österreich 1982

Hans Küng, Josef van Ess, Heinrich von Stietencron, Heinz Bechert, Christentum und Weltreligionen – Islam, Hinduismus, Buddhismus, Piper Verlag, München 1984

Hans Küng, Projekt Weltethos, Piper Verlag, München 1990

Lutherisches Kirchenamt der Vereinigten Evangelisch-Lutherischen Kirche Deutschlands und Kirchenamt der Evangelischen Kirche in Deutschland (Hrsg.), Was jeder vom Islam wissen muß, Gütersloher Verlagshaus Gerd Mohn, Gütersloh 3. Aufl. 1991

Jürgen Micksch (Hrsg.), Zusammenleben mit Muslimen, Verlag Otto Lembeck, Frankfurt am Main 1980

Jürgen Micksch und Michael Mildenberger (Hrsg.), Christen und Muslime im Gespräch, Verlag Otto Lembeck, Frankfurt am Main 1988

Michael Mildenberger (Redaktion), Begegnungen mit dem türkischen Islam, Information Nr. 98, VI/1986 der Evangelischen Zentralstelle für Weltanschauungsfragen, Stuttgart

Michael Mildenberger (Hrsg.), Kirchengemeinden und ihre muslimischen Nachbarn, Verlag Otto Lembeck, Frankfurt am Main 1990

Juliette Minces, Verschleiert – Frauen im Islam, Rowohlt Taschenbuchverlag, Reinbek bei Hamburg 1992

Orientdienst e.V. Wiesbaden (Willi Höpfner, Hrsg.), „Christentum und Islam", eine Heftreihe, Breklumer Verlag, Breklum

Heft 1: „Kirche im Raum des Islam"
Heft 2: „Geschichte des Islam"
Heft 3: „Glaube im Islam"
Heft 4: „Ethik im Islam"
Heft 5: „Prophetie in Bibel und Islam"
Heft 6: „Toleranz und Absolutheitsanspruch"
Heft 7: „Mystik im Islam"
Heft 8: „Fasten – islamisch und evangelisch"
Heft 9: „Der Islam in Indonesien"
Heft 10: „Glaubensgewißheit im Islam und im Evangelium"
Heft 11: „Gebet und Meditation in islamischer und christlicher Sicht"
Heft 12: „Die Frau bei den Kopten und Moslems in Ägypten"
Heft 14: „Der Islam und seine Welt"

Orientdienst e.V., Willi Höpfner (Hrsg.), Der moslemische Jesus und wir, Breklumer Verlag, Breklum o.J.

Orientdienst e.V., Willi Höpfner (Hrsg.), Bibel und Koran im Dialog, Breklumer Verlag, Breklum o.J.

Orientdienst e.V. Die christliche-islamische Mischehe, Orientdienst, Wiesbaden o.J.

T. Rasi, Nicht ohne meine Betty, ohne Verlags- und Jahresangabe

Janine Sourdel-Thomine und Berthold Spuler, Die Kunst des Islam, Propyläen Verlag, Berlin 1984

Jehan Sadat, Ich bin eine Frau aus Ägypten, Wilhelm Heyne Verlag, München 1991

Siegfried Schiele (Hrsg.), Vorurteile und Feindbilder, in: Politik und Unterricht, Nr. 3/90 der Landeszentrale für politische Bildung Baden-Württemberg, Neckar-Verlag, Villingen-Schwenningen

Annemarie Schimmel, Nimm eine Rose und nenne sie Lieder – Poesie der islamischen Völker, Eugen Diederichs Verlag, Köln 1987

Walter Schmidt, Islam – Einführung in die jüngste Weltreligion, Evanglischer Presseverband für Bayern, München 1986

Hermann Schuster (Hrsg.), Die Religionen der Völker – Ausgewählte Texte, Verlag Moritz Diesterweg, Frankfurt am Main 1967

Paul Schwarzenau, Korankunde für Christen, E.B.-Verlag, Rissen 1990

Wilfried Schweikhart, Abraham in Bibel und Koran, Orientdienst e.V., Wiesbaden o.J.

Karl Günter Simon, Islam – Und alles in Allahs Nahmen, GEO im Verlag Gruner und Jahr, Hamburg 1988

Stadt Ludwigsburg, Erfahrungen beim Brückenbauen – Gespräche mit muslimischen Schülern, ohne Verlags- und Jahresangabe

Steinwede/Ruprecht, Vorlesebuch Religion 2, Verlag Ernst Kaufmann, Lahr und Vandenhoeck&Ruprecht, Patmos und TVZ

Johann-Dietrich Thyen, Bibel und Koran – Eine Synopse gemeinsamer Überlieferungen, Böhlau Verlag, Köln und Wien 1989

Türkisch-islamische Union der Anstalt für Religion e.V., Was ist der Islam?, ohne Verlagsangabe, Berlin o.J.

Monika Tworuschka, Islam, Vandenhoeck und Ruprecht, Göttingen 1982

Monika Tworuschka, Re-Islamisierung – eine vieldeutige Erscheinung, Arbeitstexte Nr. 21 (I/1989) hrsg. von der Evangelischen Zentralstelle für Weltanschauungsfragen, Stuttgart

Monika und Udo Tworuschka, Vorlesebuch Fremde Religionen – Judentum und Islam, Kaufmann und Patmos, Lahr und Düsseldorf 1988

Udo Tworuschka, Sucher – Pilger – Himmelsstürmer – Reisen im Diesseits und Jenseits, Kreuz Verlag, Stuttgart 1991

Rudolf Walter (Hrsg.), Die hundert Namen Gottes, Verlag Herder, Freiburg im Breisgau 1985

Stephan Wehowsky, Die Welt der Religionen – ein Lesebuch, Verlag C. H. Beck, München 1991

Joachim Wietzke, Die Begegnung von Christen und Muslimen, Evangelisches Missionswerk, Hamburg 1990

Yüksel Yücelen, Was sagt der Koran dazu?, Deutscher Taschenbuch Verlag, München 1991

Otto Zierer, Islam, Kiesel Verlag 1985 (ohne Ortsangabe)

Hans Zirker, Christentum und Islam – Theologische Verwandtschaft und Konkurrenz, Patmos Verlag, Düsseldorf 1989

Glossar

Ajatolla (auch Ayatollah) von Ayat Allah: „Zeichen Allahs“; bei den Schiiten die Bezeichnung für einen Gelehrten, der eine theologische Hochschule besucht hat.

Allah von arabisch al-ilah: „Der Gott“ oder „Die Gottheit“

Chadidscha: Reiche Karawanenbesitzerin und erste Frau Mohammeds; geb. um 555 n. Chr., gest. 619 in Mekka; wird als „Mutter der Gläubigen“ verehrt

Derwisch (persisch „Bettler“, „Armer“): Mönch im Islam

Dschihad (arabisch „Mühe“, „Anstrengung“): Der Kampf gegen das Böse im Menschen (Großer Dschihad); der Kampf für die Gemeinschaft der Muslime (Kleiner Dschihad)

Fatima: Einziges überlebendes Kind Mohammeds aus der Ehe mit Chadidscha; geb. etwa 606, gest. 632 in Mekka; Frau des vierten Kalifen und Mutter der einzigen zwei Enkel Mohammeds; Stammmutter der Fatimiden

Hadith: Überlieferung; von Korangelehrten gesammelte und ausgewählte Nachrichten und Aussprüche des Propheten und seiner ersten Anhänger

Hadsch: Die Wallfahrt zu den heiligen Stätten des Islam, vor allem nach Mekka

Hadschi: Islamischer Pilger

Harem: der abgeschlossene Bezirk, sowohl im Haus, wo er für den Gast unzugänglich ist, wie im religiösen Denken des Islam, wo dieser Bezirk für Nicht-Muslime verboten ist.

Hedschra: Der Auszug Mohammeds im Jahr 622 mit seinen Anhängern von Mekka nach Medina; das Jahr 1 der islamischen Zeitrechnung

Hodscha: Religionslehrer im Islam

Imam: Vorbeter, dabei kann der Vorbeter durchaus ein theologischer Laie sein.

Islam: „Hingabe“ an den Willen Gottes

Kaaba: „Würfel“, das würfelförmige Gebäude in Mekka, in dessen einer Ecke der heilige schwarze Stein eingemauert ist; Zentrum der islamischen Welt

Kadi: „Richter“ oder „Schlichter“ im Islam

Kalif: „Stellvertreter“; die ersten Kalifen vereinigten als Nachfolger Mohammeds die politische und religiöse Herrschaft in ihren Händen; letztlich ist jeder Mensch Stellvertreter Gottes auf Erden.

Kismet: „Schicksal"; besonders die Sunniten lehren eine strenge Vorherbestimmung des menschlichen Schicksals durch Gott.

Koran: „das Vorgetragene"; vermutlich hat Mohammed seine Offenbarungen ausschließlich mündlich vorgetragen und erst seine Gefährten schrieben das Gehörte auf.

Koreschiten: Mächtiger Beduinenstamm, der in Mekka zur Zeit Mohammeds die Macht besaß und zu dem auch Mohammed gehörte.

Medrese: Islamische Theologenschule

Mihrab: Nische in der Moschee, die die Gebetsrichtung (nach Mekka) anzeigt.

Minarett: Moscheeturm, von dem aus zum Gebet gerufen wird.

Moschee: Islamischer Versammlungsort für Gebet und Predigt

Muezzin: Rufer zum Gebet

Mufti: Islamischer Rechtsgelehrter; im Gegensatz zum Kadi kann er auch Richtlinien für die Gesetzgebung erlassen.

Muslim: Der sich in den Willen Gottes „Ergebende"

Nabi: Prophet, Empfänger von Eingebungen

Ramadan: Fastenmonat im Islam; der neunte Monat im islamischen Mondjahr; wandert im Lauf der Jahre durch das Jahr

Rasul: Prophet, gesandter Gottes zu einem Volk oder einer Volksgruppe

Scharija: „Der Pfad, dem man folgen muß"; die „Rechtleitung"; Grundsätze, die sich im Islam für das Zusammenleben herausgebildet haben.

Scheich: „Ältester"; Bezeichnung für den Führer einer Sippe oder Gruppe

Schiiten: Angehöriger der Schia (Partei); Anhänger des Kalifen Ali, die nur einen Nachfahren Mohammeds als Kalifen dulden wollten.

Sufi: Mystiker im Islam

Sultan: Weltlicher Herrscher im Islam

Sunna: „Gewohnheit", „Tradition"; die im Hadith gesammelten Anweisungen Mohammeds als Richtschnur für das Leben bei den Sunniten.

Sure: Kapitel im Koran

Tschador: Schleier für muslimische Frauen

Umma: Gemeinschaft aller Muslime

Wesir: Minister arabischer Herrscher

Zakat: Armensteuer

Inhalt des Materialienheftes
„Materialien Der Islam: Christen begegnen Muslimen“

Klettbuch 26881

Sich dem Islam öffnen?

1 Eine Moschee in Welzheim

2 Aus einer Handreichung für die Begegnung mit Muslimen

Dem Fremden begegnen

3 Arabische Lehnwörter in der deutschen Sprache

4 Ein Sohn schreibt an den Vater

5 Gerhard Prause, Kreuzfahrer begegnen einer fremden Kultur

6 Sigrid Hunke, Vorurteile verscharren die Wirklichkeit

Urteil oder Vorurteil?

7 Hans Guldenmundt, Türkischer Krieger mit gefangenen österreichischen Bauern

8 Sarotti-Reklame: „Der Mohr macht süße Märchen wahr“

9 Ludwig Uhland, Schwäbische Kunde

10 Artikel 12 aus der Verfassung des Landes Baden-Württemberg

Wir leben mit Vorurteilen und Feindbildern

11 Kurt Spillmann, Sieben typische Merkmale des Feindbildes

12 Josef van Ess, Ein schlechtes Image und seine Folgen/Eine Ergänzung von Hans Küng

Mohammed und der Islam

13 Lesender Muslim

14 Die Abschiedspredigt Mohammeds

15 Josef van Ess, Mohammed

Der Koran und andere Überlieferungen

16 Die Himmelsleiterikone

17 Sure 1

18 Sure 57/ 1-6

19 Sure 6/ 151-153

20 Sure 17/ 22-39

Gott oder Allah?

21 Drei Gebete

22 Ein Text aus der Hausa-Bibel

23 Die Schönsten Namen Gottes nach dem Koran und der Tradition

24 Zwei Korantexte

Islamische Feste

25 Islamische Feiertage

26 Islamischer Festkalender

27 Udo Kelch, Das Beiramfest

Die Wallfahrt nach Mekka

28 Reinhold Messner, Ab in die Arktis

29 Die Wallfahrt nach Santiago de Compostela

30 Die Wallfahrt nach Mekka

31 Margot Bickel, Geh deinen Weg

32 Die fünf Säulen des Islam

Islamische Frömmigkeit

33 Erfahrungen beim Brückenbauen

34 Vertiefungen

35 Die Große Moschee von Kairuan

36 Ein kleiner Knigge zur deutsch-türkischen Begegnung

Heiliger Krieg I: Der Dschihad

37 Macht euch aus dem Staube – die Christen nahen mit ihrem Evangelium/ Worte des Koran zum Dschihad

38 Zum Beispiel Kreta

39 Sadik J. Al-Azm, Dschihad

Heiliger Krieg II: Islamische und christliche Eroberungen

40 Sigrid Hunke, Aufruf gegen die „Feinde Gottes“

41 Karikatur
42 Sigrid Hunke, Ausbreitung des Islams mit „Feuer und Schwert“?

Angst vor dem Islam?

43 Muslimische Beter
44 Auspeitschung
45 Irmgard Jungmann, Angst vor dem Islam?
46 Helmut Schneck, Islamischer „Fundamentalismus“ (Islamismus)
47 Welt des Islam
48 Religionsstatistik
49 Joachim Fritz-Vannahme, Feindbild Islam

Die Stellung der Frau im Islam

50 Benazir Bhutto
51 Mohammed, der Befreier der Frauen
52 Ein jemenitischer Ehevertrag
53 Die Stellung der Frau im türkischen Zivilrecht
54 „Egal, ob die Leute zum Islam übertreten“

Warum wir Christen sind

55 Stauber, In der Schachtel
56 Walter Schmidt, Glaubensbekenntnis

Muslime unter uns

57 Dürfen türkische Mädchen mit ins Schullandheim?
58 Zahlen der Ausländer aus Staaten mit mehrheitlich muslimischer Bevölkerung in der Bundesrepublik Deutschland
59 Die Gruppierungen im Islam
60 Thomas Dreessen, Türen öffnen
61 Die „Goldene Regel“ und der Umgang mit Fremden

Missionsauftrag oder Toleranz

62 Hogli, Die Würde des Menschen
63 M.A. Thomas, Macht zu Jüngern alle Völker
64 Drei Texte zu den christlich-muslimischen Beziehungen
65 Ein Brief der Evangelischen Kirche in Deutschland

Besinnung – Befragung – Begegnung

66 Eine Einladung
67 Einen Baum pflanzen